LA VIDA
CRISTIANA
VICTORIOSA

WATCHMAN NEE

Vida
DEDICADOS A LA EXCELENCIA

La misión de EDITORIAL VIDA es proporcionar los recursos necesarios a fin de alcanzar a las personas para Jesucristo y ayudarlas a crecer en su fe.

© 1995 EDITORIAL VIDA
Miami, Florida 33166

Este libro se publicó en inglés con el título:
The Life That Wins
por *Christian Fellowship Publishers*
© 1986 por *Christian Fellowship Publishers*

Traducción: *Carmina Pérez*

Diseño de cubierta: *Pixelium Digital Imaging, Inc.*

ISBN 0-8297-0399-3

Categoría: *Vida cristiana*

Impreso en Estados Unidos de América
Printed in the United States of America

03   04   05   06   07   ❖   09   08   07   06   05   04

Indice

Prefacio

Conoce usted la vida victoriosa? ¿Se siente avergonzado de la clase de vida cristiana que vive? ¿Ha fracasado de manera tan terrible en su lucha por conseguir la victoria que clama: "¡Miserable de mí! ¿quién me librará . . .?" (Ro 7:24). Puede estar seguro de que su salvación está cerca: "Gracias doy a Dios, por Jesucristo Señor nuestro" (v. 25). Porque la vida victoriosa no se conquista, sino que se obtiene. No es una vida cambiada, sino más bien una vida canjeada. No es represión, sólo expresión. Esta vida no está en usted mismo, está en Cristo que vive en usted. La vida que Dios da y usted recibe cuando cree en su Hijo Jesucristo es esta clase de vida. Es una vida que vence al pecado, provee comunión íntima con Dios y está llena de satisfacción y poder. Ya está en usted esperando ser explorada. El secreto para experimentar su poder está en que usted se desprenda de sí mismo y deje que Cristo viva en lugar de usted. Esto requiere que tenga la fe de un niño. Entonces será más que vencedor por medio de Aquel que lo ama.

Para ayudar a los creyentes a disfrutar de esta vida triunfante, Watchman Nee dio una serie de mensajes sobre este tema en una conferencia celebrada en Shanghai, China, en los meses de septiembre y octubre de 1935. Abordó todos los aspectos de este tema tan importante con su acostumbrada minuciosidad, pero con simplicidad y franqueza. En esa conferencia, el autor comenzó examinando la experiencia personal del creyente la cual, vergonzosamente, deja mucho que desear. Después, como contraste, describió la clase de vida cristiana ordenada por Dios. A continuación, consideró la naturaleza de esta vida triunfante antes de mostrar el camino para entrar a ella. En más detalle, trató temas tales como el entregarse y creer, que son las condiciones para cruzar el umbral de la victoria. Pero el autor de estos mensajes les advirtió a sus lectores acerca de las pruebas de fe que le siguen. Exhortó a los creyentes a crecer en la gracia de Jesucristo. También hizo hincapié en la necesidad de tener la nota de triunfo, que es la alabanza. Y por último, concluyó con el primer y último acto después de la victoria, que es la consagración.

Estos mensajes han sido ahora traducidos del chino por primera vez y presentados a los lectores en forma de libro. Que el Señor de gloria sea magnificado a través de su vida.

1
Nuestra experiencia

Así que, queriendo yo hacer el bien, hallo esta ley: que el mal está en mí.

Romanos 7:21

Por cuanto todos pecaron, y están destituidos de la gloria de Dios.

Romanos 3:23

LA VIDA QUE DEBEN LLEVAR LOS CRISTIANOS

En la Santa Biblia podemos ver que la vida que ha sido ordenada por Dios para los cristianos es una vida llena de gozo y descanso, de ininterrumpida comunión con Dios y de perfecta armonía con su voluntad. Es una vida que no tiene hambre y sed de las cosas del mundo, que anda fuera del pecado y que trasciende todas las cosas. En verdad, es una vida santa, poderosa y victoriosa que consiste en conocer la voluntad de Dios y tener comunión continua con Él.

La vida que Dios ha ordenado para los cristianos es una vida que está escondida con Cristo en Dios. Nada puede tocar, afectar o sacudir esta vida. Así como Cristo es inconmovible, nosotros también somos inconmovibles. Como Cristo trasciende todas las cosas, nosotros también trascendemos todas las cosas. Como Cristo está delante de Dios, nosotros también estamos delante de Él. Nunca alberguemos el pensamiento de que debemos estar débiles y derrotados. No hay tal cosa como debilidad y derrota; porque "Cristo es nuestra vida" como se declara en Colosenses 3:4. Él lo trasciende todo; Él no puede ser tocado por cosa alguna. ¡Aleluya! ¡Esta es la vida de Cristo!

La vida que Dios ha ordenado para los cristianos está llena de descanso, llena de gozo, llena de poder y llena de la voluntad de Dios. Pero preguntémonos qué clase de vida estamos viviendo hoy. Si nuestra vida no es lo que Dios ha ordenado que sea, entonces necesitamos conocer la victoria. Por lo tanto, investigaremos el tema de nuestra experiencia. Y lo que vamos a relatar quizás no sea agradable a nuestros oídos porque algunos de nosotros somos un poco susceptibles; sin embargo, necesitamos humillarnos para poder ver nuestra necesidad y recibir la gracia de Dios.

OCHO CLASES DE FRACASOS ENTRE LOS CRISTIANOS

¿Qué clase de vida estamos viviendo? ¿Vivimos bajo la esclavitud de la ley del pecado? ¿Es cierto que en nuestra experiencia "el querer el bien está en mí, pero no el hacerlo" (Ro 7:18)? ¿Está nuestra vida derrotada y encadenada por el pecado? Dios nos da una vida tan gloriosa y aun así vivimos en derrota. De acuerdo con lo que relatan las Escrituras y confirmado por nuestra experiencia, podemos deducir de nuestra investigación que hay ocho clases diferentes de fracasos o pecados que se ven en los cristianos.

1. Pecados del espíritu. Orgullo, celos, incredulidad, crítica, falta de oración y la incapacidad de someternos a Dios, todos estos son pecados del espíritu. Aunque algunos cristianos son espiritualmente victoriosos, otros se encuentran derrotados en este aspecto en particular.

El orgullo mismo me trajo una vez problemas. Todos los que son orgullosos han cometido este pecado del espíritu. Una persona orgullosa es incapaz de considerar a otros como más excelentes. Esto es cierto no sólo en cuestiones terrenales sino también espirituales. Si alguien parece ser mejor que la persona orgullosa en las cosas espirituales, esta última tratará de encontrar alguna falla en la otra persona. Tratará de rebajarla.

Los celos son pecado, ya sea que aparezcan en el trabajo o en cuestiones espirituales.

Algunos tienen un mal corazón lleno de incredulidad. Si a una persona se le pregunta si cree, contestará que cree en cada Palabra de Dios. Pero si se le preguntara si realmente cree en las promesas de Dios, se daría cuenta de que no puede creer. Pequeñas pruebas la llenan de inquietud porque no puede confiar en la Palabra de Dios. En una ocasión la esposa de Martín Lutero se puso un vestido de luto y desafió a su esposo con estas palabras: "Hoy me he puesto un vestido de luto porque estás tan preocupado que parecería que tu Dios está muerto." ¿No es esto lo que nos sucede a nosotros hoy día? Muchos no viven delante de Dios ni mantienen una buena comunicación con Él. Viven descuidadamente día tras día. Pueden pasarse días enteros sin orar ni leer su Biblia. Pueden pasarse toda una semana sin contemplar el rostro de Dios en comunión con Él. Viven sin ningún temor del Señor. Esto muestra que no viven en la presencia de Dios. No tienen vida espiritual. Nunca han aprendido la lección de tratar con el yo. Nunca se han negado a sí mismos.

Una vez dos hermanos se pelearon por un asunto sin importancia. Cada vez que comían juntos, uno de ellos tomaba los mejores pedazos de carne primero. Un día el otro hermano se dio cuenta. Guardó silencio por un día o dos, pero después de dos semanas no pudo soportarlo más y se apartó para siempre de su hermano. Permítanme observar que la clase de persona que uno revela a menudo no es en las cosas grandes sino en las pequeñas. A este respecto, me acuerdo de la biografía de Hudson Taylor, que me encanta leer. Mientras viajaba de acá para allá predicando el evangelio, parecía que siempre le tocaba el peor cuarto y la peor cama. Sin embargo, este misionero siervo de Dios nunca murmuró o se quejó. Aunque esto era un asunto insignificante, con todo, la reacción ante esos asuntos pequeños revela qué clase de vida vive cada uno delante de Dios.

2. *Los pecados de la carne.* No sólo hay pecados del espíritu, hay también pecados de la carne, tales como el adulterio, miradas licenciosas y relaciones anormales. Muchos caen en esos pecados. Cuántos hay que pecan con sus ojos porque nunca controlan sus miradas. Muchos mantienen amistades impropias. Algunos pecados de la carne pertenecen al cuerpo, mientras que otros no.

¿Ha controlado usted sus ojos alguna vez? Reconozco que hay mucho para ver con nuestros ojos en estos días. Debemos tratar este asunto delante de Dios. Conozco muchos cristianos que no pueden tener victoria porque no se encargan de sus ojos.

La amistad también es algo que debemos considerar aquí. Cierto hermano tenía como mejor amigo a un inconverso. Esa conducta no es considerada como pecado a los ojos del mundo, pero para nosotros los cristianos *es* un pecado. Un misionero en cierta ocasión testificó que él rechazó la amistad de alguien porque esa persona quería una amistad que estuviera por encima de todas las otras.

3. Pecados de la mente. Tal vez muchos no cometan pecados del espíritu y tal vez hayan también refrenado su carne; sin embargo, no tienen victoria en su mente. Sus pensamientos son arrastrados, divagan y se disipan. Algunos encuentran que sus pensamientos son impuros, demasiado cargados de imaginación, de duda o de curiosidad. Quieren saberlo todo, no pueden tolerar lo desconocido. Los que tienen esta clase de mente no han entrado en la vida victoriosa. En realidad, muy pocos en realidad experimentan completa victoria en su mente. Una vez conocí a una hermana que se preguntaba por qué sus pensamientos divagaban. También conocí a un hermano que confesó que sus pensamientos eran continuamente impuros. Debemos tratar con esto si deseamos, tener la vida de Dios.

Las imaginaciones y las dudas dañan a muchos cristianos. Supongamos, por ejemplo, que usted encuentra a un hermano en la calle que parece estar algo molesto; inmediatamente se imagina que él debe estar disgustado con usted. Pero cuando llega a la casa de él, se entera que no ha dormido bien y que le duele la cabeza. Usted había imaginado que era algo en su contra, pero en realidad no era eso en absoluto.

Cuánto nos perjudica nuestra imaginación; sin embargo, nos consideramos muy inteligentes. Recordemos que sólo nuestro Señor "escudriña la mente y el corazón" (Ap 2:23). Muchos imaginan falsamente que esto y lo otro es así y así. Haciendo esto, hemos pecado en nuestra mente. Pronunciamos demasiados juicios e imaginamos demasiado. Debemos lidiar con nuestra mente delante de Dios, si no, ¿cómo podremos entrar en la vida triunfante?

Un hermano estaba lleno de un desmedido deseo por saber. Y porque tenía que saber la razón de todas las cosas, todo lo analizaba. Su mente era en verdad muy activa; pero porque sabía todas las cosas, no podía confiar en Dios. Tal deseo de sabiduría, como estas otras áreas de la mente, necesita ser controlado.

4. Pecados del cuerpo. Ciertas actividades que se concentran en el cuerpo físico pueden ser pasadas por alto por el mundo, pero para el cristiano espiritualmente sensible pueden ser pecaminosas. Algunos prestan demasiada atención a comer, a dormir o a la higiene, a la ropa o a la vida misma. Todo esto puede ser pecaminoso a los ojos de Dios. Muchos cristianos simplemente *tienen* que comer; no han ayunado ni una sola vez desde que son cristianos. Si usted come con ellos sabrá inmediatamente qué clase de personas son. Cuando levantan el cuchillo y el tenedor, uno sabe en seguida quiénes son en realidad. Conocí a un hermano, por ejemplo, que me dijo que siempre tenía mucho apetito y que era muy especial. Sin embargo, debo decir aquí que falta de templanza en la cuestión de la comida puede también ser un pecado.

Algunos duermen un poco menos de lo normal y automáticamente tienen un aspecto poco feliz. Y en consecuencia, se atoran con las palabras y su conversación es confusa. Esto también es pecado.

A algunos les encanta comer continuamente; así que gastan mucho dinero en meriendas. A otros les gusta vestirse bien todo el tiempo. Y hay aquellos cuya mente se preocupan constantemente con la higiene y viven obsesionados con un sentimiento de peligro. ¿Qué es todo esto? Es el amor a la vida de uno. Muchos aman tanto su vida que no pueden soportar el ver el más mínimo sufrimiento o el acercarse a un enfermo. Para decirlo con franqueza, están bajo la esclavitud de su cuerpo. Sin embargo, Pablo dice esto: "Golpeo mi cuerpo y lo pongo en servidumbre" (1 Co 9:27). Si permitimos que nuestro cuerpo nos domine, eso es pecado. Nuestro cuerpo debe estar por debajo de nosotros, no sobre nosotros. Muchos sacrifican la oración matutina porque quieren dormir. Muchos sacrifican el tiempo de leer la Biblia porque quieren comer. Muchos no pueden servir a Dios porque desean las meriendas y se deleitan en la ropa bonita. La falta de control sobre esos aspectos del cuerpo es pecaminosa.

5. Pecados del temperamento. El temperamento hace al individuo. Todos nacemos con una clase en particular. Esto constituye nuestro carácter especial. A pesar de eso, el Señor viene a salvarnos de nuestro temperamento tanto como de nuestros pecados. Algunas personas nacen con un carácter duro e irritable, mientras que otras nacen con una actitud de superioridad moral. Esta última clase de persona actúa como si fuera juez de la Corte Suprema en todos los asuntos de todas las personas en todos los tiempos. Tal vez sea más recta en su forma de ser, pero carece de amabilidad y dulzura en su trato con los demás. Es muy recta, pero es demasiado dura. Permítanme decir que esto también es pecado.

Exactamente lo opuesto al hombre justo que es duro es la persona que es muy débil y que le tiene miedo a todo. Así que para ella todo está bien. Cualquiera puede pensar que una persona tan buena como esta debe ser santa, pero tenemos que preguntarnos ¿cuántas de estas personas son usadas por Dios? ¿Fue el Hijo de Dios así cuando estaba en la tierra? La respuesta obviamente es no. Estos pecados del temperamento representados en esos dos tipos de personas tienen que ser corregidos.

Luego encontramos al hermano que no es ni duro ni blando pero que desea ser importante. Dondequiera que esté, quiere que los demás lo vean. No importa cuál sea la circunstancia, siempre tiene que hablar o ser el centro de atención. No estará satisfecho hasta que las personas lo noten. Quiere sobresalir continuamente; no puede pasar desapercibido.

Otro creyente es muy tímido e introvertido. Dondequiera que esta persona esté, se sienta en la esquina y rehúsa aparecer. Esto también es una disposición pecaminosa y necesita considerarse.

Algunos cristianos tienen un temperamento irascible. Un hermano dijo una vez: "Doy gracias a Dios que aunque me enojo rápido, también se me pasa rápido. Por la mañana puedo enojarme, pero a los cinco minutos todo pasó. Lo olvido todo cuando llego a mi oficina." Sin embargo, como resultado de su temperamento irascible, su esposa e hijos deben sufrir todo el día. Y cuando regresa al hogar se pregunta por qué su esposa se siente tan desdichada, mientras que él se ha sentido tan bien. Esta conducta es pecaminosa y hay que enfrentarla.

Mientras algunas personas tienen un temperamento irascible, otras nunca se inmutan. Pueden dejar una cosa sin hacer por un día o hasta por diez días. Esta es una forma de pereza y hay que lidiar con ella.

Todos tenemos nuestro propio carácter o temperamento. Aunque una persona sea salva, puede ser muy hiriente en sus reacciones. Es estricta y severa en relación a cualquier asunto. Aunque nunca defrauda a otros, se asegurará muy bien de no permitir que nadie la defraude a ella. Nunca dañaría el ojo o el diente de otra persona, pero si alguien tratara de dañar su ojo o su diente, esto se convertirá para ella en un asunto de ojo por ojo y diente por diente.

Otros no serán tan hirientes como este hombre, pero tal vez sean muy mezquinos. Tal vez no roben; sin embargo, si se les presenta la oportunidad de aprovecharse de otros, lo harán, aun si sólo fuera por unos pocos centavos.

Por naturaleza algunas personas pueden ser muy charlatanas. Cuando esas personas están presentes no hay silencio y lo que es peor, siempre hablan de otros. Si saben algo, lo tienen que decir. Aunque no tienen intención de decir una mentira, de todas maneras a menudo exageran. Tal es su temperamento. Entendamos todos que si deseamos ser vencedores, debemos permitir que el Señor trate con nosotros en esos aspectos del carácter.

¿Por qué hablo acerca de estas cosas? Es porque la vida que muchos cristianos viven es tan diferente a la vida de Dios. Algunos hermanos sólo pueden ver las faltas de las personas; no son capaces de ver las buenas cualidades en otros. Siempre hablan de los defectos de sus hermanos. Por ejemplo, una hermano que al fin había ganado la victoria sobre este asunto confesó que no entendía por qué siempre encontraba faltas en sus hermanos. Miraba a un hermano y veía seis o siete faltas en él; miraba a otro hermano, y otra vez encontraba seis o siete faltas. Le dije que la razón por la que hacía esto era porque él mismo tenía estas mismas faltas: que así era su carácter.

Todas estas faltas de la disposición, carácter y temperamento son pecados y cada cristiano debe vivir en victoria sobre
estas cosas y no ser derrotado por ellas. **6. No nos gusta obedecer la** Palabra de Dios. Desde el punto
de vista de las Escrituras lo que a algunos de nosotros nos falta
delante de Dios es que no nos gusta obedecer su Palabra. Esto
también es pecado. Preguntémonos cuántos de los mandamientos de Dios hemos leído y obedecido. Por ejemplo, ¿cuántos
esposos aman a sus esposas y cuántas esposas se someten a sus
esposos? Una esposa confesó que ella sabía que debía someterse
a su esposo, pero en realidad sólo se sometía después de haber
peleado con él. Hoy día se da cuenta de que nunca se ha
sometido a su esposo de acuerdo con el mandamiento de Dios.
¿Cuántos cristianos saben que la preocupación es pecado?
"Regocijaos en el Señor siempre", declara la Biblia (Fil 4:4).
¿Cuántos cristianos han guardado este mandamiento? Debemos reconocer que la preocupación o la ansiedad son pecado.
Todos los que rehúsan regocijarse han cometido pecado porque
el mandamiento de Dios es que "en nada" estemos "afanosos"
(Fil 4:6). Si uno se preocupa, uno peca. Aunque la preocupación
no se considera pecaminosa a los ojos del hombre, es un pecado
de acuerdo con la Palabra de Dios.

Debemos dar gracias en todas las cosas porque ese es el
mandamiento de Dios. En todas las cosas debemos orar: "Dios,
te doy gracias y te alabo." Aun si nos hemos encontrado con
dificultades, debemos decir: "Dios, te alabo." Hay una historia
acerca de una mujer con nueve hijos. Ella discutía que la
palabra "por nada estéis afanosos" no podía de ninguna manera
aplicarse a una madre como ella, ya que para ella, no preocuparse era pecado. Tuvo primero dos hijos por los que se preocupaba continuamente hasta que murieron; y después tuvo
siete más para preocuparse mientras crecían. Qué lástima que
esta mujer no pudo ver que la preocupación era verdaderamente un pecado, puesto que había imaginado falsamente que la
preocupación era su deber cristiano.

Es el mandamiento de Dios que nos "regocijemos siempre"
(1 Ts 5:16). Es también su voluntad que no nos preocupemos
por nada. Igualmente es su voluntad que "en todo" tenemos que

"dar gracias" (1 Ts 5:18a). Todos los que vencen tienen la fuerza para obedecer los mandamientos de Dios. Sólo los que no vencen no pueden obedecer su voluntad.

7. *No damos a Dios todo lo que le pertenece.* Dios demanda que nos presentemos, junto con nuestras familias, negocios y posesiones, enteramente a Él. Parece, sin embargo, que cada cristiano trata de retener algo para sí mismo. Entendamos que aunque bajo el Antiguo Pacto las personas tenían que ofrecer un décimo a Dios, la ofrenda del Nuevo Pacto es *diez* décimos. Debemos ofrecer nuestras casas, terrenos, esposas, hijos y nosotros mismos completamente a Dios.

Muchos cristianos tienen temor de que Dios les ocasione problemas. Una vez un creyente que tenía miedo de ofrecerse a sí mismo al Señor dijo: "Si yo me entrego a Dios y Él me hace sufrir, ¿qué puedo hacer?" A lo que le respondí: "¿Quién piensa usted que es Dios? Supóngase que un niño que acostumbra a desobedecer a sus padres les dice que de ahora en adelante los va a obedecer. ¿Cree usted que sus padres deliberadamente lo obligarán a hacer algo que no puede para hacerlo sufrir? Si lo hacen, no son padres, sino jueces. Siendo padres, indudablemente tendrán una misericordia especial con su hijo. ¿Cómo, entonces, puede usted sugerir que Dios de manera intencionada le provocará sufrimiento? ¿Piensa usted en realidad que Él lo destruiría a propósito? Usted olvida que Él es su *Padre*."

Permítanme dejar en claro que sólo el que está consagrado tiene poder. El que pone sus negocios en las manos de Dios; pone sus padres, esposa e hijos también en sus manos. Sus posesiones también están en las manos de Dios. El hombre consagrado nunca pudiera tomar lo que el Señor le ha dado y depositarlo en el mundo. Por el contrario, se ofrece a sí mismo y todo lo que tiene a Dios. Todo el que tiene temor de poner todo (incluso personas, cosas y negocios) delante de Dios en consagración no puede ser un vencedor. Cuanto más le ofrece una persona al Señor, tanto mayor será el poder de esa persona. Porque el que le ofrece todo al Señor de forma voluntaria, parece que aprieta las cosas en la mano del Señor, pidiéndole que tome más. La consagración da poder y gozo a la vida. El que no está dispuesto a ofrecerle todo a Dios es débil, infeliz y pecador.

8. *No nos arrepentimos de pecados que requieren confesión.* Algunos pueden haberse ocupado de muchos otros asuntos, pero rehúsan confesar con su corazón que hay pecado en su vida. Esto es lo que significa la frase en el Salmo 66:18: "mirar la iniquidad en el corazón". El corazón no sólo desea, sino que ama el pecado y por eso es incapaz de deshacerse de él. Hay ese amor secreto en el corazón por este o aquel pecado y una renuencia a confesarlo. Aunque uno no hable en voz alta de que ama el pecado y ni siquiera dirija sus pies hacia él, su corazón de todas maneras está allí. Muy a menudo el pecado no es un asunto de conducta externa sino de deseos internos. Cualquiera que contemple iniquidad en su corazón necesita victoria.

Muchos no sólo aman al pecado en su corazón, sino que también tienen pecados que permanecen sin confesar. Cuán a menudo uno peca contra un hermano y cada vez que piensa en eso reconoce para sí mismo que lo ha ofendido. Así que en lo sucesivo uno trata de cambiar su *actitud externa* siendo especialmente amable con él: le da la mano cuando lo ve y lo recibe con diligencia. Permítanme decir que cambiar la actitud es nuestro *mejor método, pero no es el método de Dios.* El método de Dios no es un cambio en la actitud externa. Lo que Dios espera es que usted confiese su pecado.

Ahora con relación a la confesión de pecado, la Biblia no nos enseña que tenemos que confesar en detalle. Sólo nos instruye que *confesemos,* no que contemos la historia *detallada* a otros. "Si tu hermano peca contra ti" (Mt 18:15a). Él puede pecar contra ti en un cierto número de cosas. Pero cuando viene a confesar, lo único que tiene que decir es: "Hermano, he pecado contra ti", y usted lo debe perdonar. No hay necesidad de que el que viene le cuente historias ocultas porque no hay oído humano digno de oír esas historias.

Permítame preguntarle, ¿cuántos pecados contempla usted aún en su corazón? ¿Cuántas iniquidades están allí todavía? Si están esos pecados, usted necesita victoria; de otra manera, no podrá tener una vida triunfante.

LA VICTORIA ES NECESARIA Y TAMBIÉN POSIBLE

Si usted tiene estas ocho clases de pecado que han sido enumeradas anteriormente, con seguridad necesita victoria. No sé cuál de esos ocho pecados usted tendrá. Quizás sólo uno o dos de ellos continúan enredándolo, quizás más. No obstante, Dios no consentirá que ninguno de esos pecados lo enrede. No tiene que ser así; es claramente innecesario. Doy gracias y alabo a Dios, porque cualquier pecado que sea, está debajo de sus pies. Gracias al Señor que ningún pecado es tan fuerte que usted tenga que rendirse a él. Gracias a Él que ninguna tentación es tan grande que no puede ser vencida.

La vida que el Señor ha ordenado para nosotros es una vida de comunión continua con Él. Es una vida de obediencia y de total separación de las cosas contrarias a su voluntad. Todo cristiano es capaz de vencer los pecados de la mente, el cuerpo, la carne y el espíritu, nuestra disposición contraria, incredulidad y aun el amor al pecado. Gracias y alabanzas a Dios, que no es una vida irreal e inalcanzable de la que estamos hablando aquí. Esta es una manera de vivir absolutamente práctica que todos nosotros podemos experimentar.

SINCEROS DE CORAZÓN, NO ENGAÑÁNDONOS A NOSOTROS MISMOS

Debemos pedirle a Dios que nos libre de engañarnos a nosotros mismos. Porque Él puede bendecir a una sola clase de persona, la que tiene un corazón sincero delante de Él. Se dice que Dios bendecirá a los que no le mienten. Si usted sinceramente le dice: "Dios, te mentí, pero te pido perdón", inmediatamente Él lo bendecirá.

Quizás como cristiano insatisfecho usted le está pidiendo a Dios que le dé alguna satisfacción. Permítame decirle francamente que el que está insatisfecho no es necesariamente el que está hambriento. Para poder estar satisfechos, primero tenemos que tener hambre. El hijo pródigo dejó la casa de su padre, desperdició todo lo que tenía y más tarde quizo llenar su estómago con las cáscaras que los puercos estaban comiendo; pero nadie se las daba. Eso era estar insatisfecho. Algunos, sin embargo, pueden llenarse con cáscaras, y aun así seguir insatisfechos todos los días. Así que estar insatisfecho es una cosa, mientras que estar hambriento es otra. ¿Cómo podemos estar satisfechos si a menudo estamos débiles y con frecuencia derrotados? Es mejor que estemos hambrientos en vez de estar meramente insatisfechos. Porque Dios sólo puede bendecir a los que están hambrientos. Él no tiene obligación de llenar a los que sólo están insatisfechos. Dejemos de mentir hoy porque hemos mentido lo suficiente delante de Dios. Reconozcamos que hemos fallado ante Él. Nuestra confesión ante los hombres glorificará el nombre de Dios. Alabe y dé gracias a Dios, todos los que son sinceros recibirán bendición. Que muchos sean hallados por Dios y bendecidos por Él.

2

La vida cristiana revelada en las Escrituras

Bendito sea el Dios y Padre de nuestro Señor Jesucristo, que nos bendijo con toda bendición espiritual en los lugares celestiales en Cristo.

Efesios 1:3

LA EXPERIENCIA DE DERROTA EN EL CRISTIANO

Cuando fuimos salvos, nuestro corazón se llenó de gozo por la gracia de Dios. Teníamos una gran esperanza para nuestra vida. Pensábamos que de ese momento en adelante podíamos aplastar todo el pecado bajo nuestros pies. Ninguna tentación podía ser demasiado grande para vencerla. Ningún problema podía ser demasiado difícil para resolverlo. Nuestro futuro estaba lleno de esperanza gloriosa porque en ese momento probamos la paz y el gozo del perdón de nuestros pecados por primera vez. Nuestra comunión con Dios era dulce y sin esfuerzo. Estábamos en realidad llenos de gozo, sentíamos que el cielo estaba muy cerca de nosotros. Parecía que ninguna cosa era imposible para nosotros. Creíamos plenamente que día tras día viviríamos en victoria.

Desafortunadamente, esa condición tan hermosa no dura mucho tiempo, y esa expectativa gloriosa no se cumple. Los pecados que soñábamos haber vencido ya, regresan otra vez. Los pecados que una vez no podían tocarnos, ahora han vuelto. El viejo mal genio, el orgullo y los celos levantan su horrible cabeza una vez más. Leemos de continuo la Palabra de Dios, pero no nos ayuda. Oramos, sin embargo, perdemos el contacto íntimo que una vez disfrutamos. El celo por los perdidos también disminuye y el amor se enfría. Tal vez seamos capaces de tratar con algunas cosas, pero encontramos que otras están más allá de nuestras fuerzas. La nota diaria es ahora derrota, no victoria. En realidad, en la vida diaria experimentamos más derrotas que victorias. Sentimos nuestra gran necesidad. Cuando nos comparamos con Pablo, Juan, Pedro y esos otros cristianos del primer siglo, sabemos qué diferentes eran de nosotros. Somos incapaces de ayudar a otras personas. Podemos contar historias de nuestras victorias, pero no nos atrevemos a contarles las historias de nuestras derrotas. Sentimos que nuestros días de victoria son cortos, mientras que los días de derrota son largos. Y en consecuencia, estamos tristes todo el tiempo. Tal es la experiencia que muchos cristianos comparten.

Cuando somos salvos, suponemos que ya que nuestros pecados fueron perdonados, ellos nunca más regresarán a nosotros. Creemos honestamente que el gozo y la paz que disfrutamos ahora permanecerán con nosotros para siempre. ¿Quién por consiguiente imaginaría que el pecado tanto como la tentación pueden alguna vez regresar? ¿Quién podría esperar que más adelante pueden existir más momentos malos que buenos? ¿Quién soñaría que pueden haber más tristezas que alegrías esperándonos a lo largo del camino? Sin embargo, cuando la tentación, el orgullo, los celos, el mal genio o cualquier otra cosa regresan, por lo general haremos dos cosas: ejercitaremos el máximo esfuerzo para reprimir el pecado o si no, tomaremos la actitud de que es imposible vencerlo. Cuando esos pecados regresan, podemos por un lado ejercitar un gran esfuerzo para reprimirlos para que no se vean externamente: cualquiera de nosotros que sea capaz de controlarlos o reprimirlos se considerará victorioso. Pero por otro lado, los que son derrotados pasan sus días yendo de derrota a victoria, y de victoria a derrota, pecando y arrepintiéndose, arrepintiéndose y pecando: es una vida que continuamente gira en círculos y que sólo acaba en una profunda desesperación. De ahí que, si tenemos éxito en controlar el pecado, sólo lo reprimimos por un tiempo; o si fracasamos en reprimirlo consideramos que pecar es inevitable y caemos en total desesperación.

Sin embargo, tengo que preguntarles en la presencia del Dios a quien sirvo: cuando nuestro Señor fue a la cruz por nosotros, ¿tenía Él en su mente para nuestro futuro la clase de experiencia que tan a menudo atravesamos hoy día? Mientras era crucificado, ¿visualizó que nuestra presente manera de vivir sería victoria por la mañana, pero derrota por la tarde? ¿Es que la obra que Él consumó en la cruz no es suficiente para capacitarnos para que le sirvamos en santidad y rectitud? ¿Derramó el Señor su sangre porque sólo vio la condenación del infierno sin ver el dolor de pecar? ¿La sangre que Él derramó en la cruz nos salva sólo de los sufrimientos del futuro, pero deja los sufrimientos de hoy día para que los soportemos? En este punto no puedo evitar gritar: ¡Aleluya! porque nuestro Señor lo ha consumado todo en el Calvario. Mientras estaba en la cruz, pensó no sólo en la condenación del infierno, sino también en el dolor del pecado. Él vio de antemano los sufrimientos causados por el poder del pecado tanto como aquellos causados por su castigo. Su salvación nos capacita para vivir sobre la tierra como Él vivió una vez sobre la tierra. En otras palabras, la obra de redención de Cristo no sólo nos ha preparado una posición y un fundamento para que seamos salvos, sino que también proveyó una posición y un fundamento para que seamos salvos *hasta lo sumo*. Podemos muy bien en lo sucesivo vivir de una manera diferente a la que vivimos ahora. Digamos aleluya, porque hoy día hay un evangelio de buenas nuevas para los santos así como para los pecadores.

LA VIDA CRISTIANA QUE DIOS ORDENÓ PARA NOSOTROS

¿Qué clase de vida debe vivir un cristiano de acuerdo con la voluntad de Dios? Esto no se refiere a un cristiano maduro, sino a cada creyente nacido de nuevo. Al conocer la clase de vida que debemos vivir, nos damos cuenta de nuestras carencias. Miremos a varios pasajes de las Escrituras que describen las varias facetas de esta vida.

1. Una vida que es libre del pecado. "Y dará a luz un hijo, y llamarás su nombre Jesús, porque él salvará a su pueblo de sus pecados" (Mt 1:21). Tanto en Chefoo como en Peking algunos hermanos me dijeron: "Antes nos gustaba llamarle Cristo, pero de ahora en adelante diremos Jesús, nuestro Salvador". ¿Por qué se le llama Jesús? Es porque este nombre significa "él salvará a su pueblo de sus pecados".

Has aceptado a Cristo como tu Salvador y has recibido la gracia del perdón. Todo esto es cierto, por lo que puedes darle gracias y alabar a Dios. ¿Pero qué ha hecho Jesús por ti después de todo? "Él salvará a su pueblo de sus pecados." Esto es ordenado por Dios y cumplido por Jesús. La cuestión ahora es, ¿estás todavía viviendo en el pecado o has salido del pecado? ¿Continúas teniendo arrebatos de cólera, siguen molestándote tus viejos pensamientos, y han permanecido tu orgullo y tu egoísmo sin cambios? En otras palabras, ¿estás todavía encadenado por tus pecados? ¿O has salido completamente de ellos?

He usado la siguiente ilustración muchas veces antes, pero la usaré una vez más. Un chaleco salvavidas es diferente a un bote salvavidas. Cuando una persona cae al mar, toma el chaleco salvavidas que se le lanza. Así que no se hunde; sin embargo, tampoco sale del agua. Permanece en una condición que no es de vida ni de muerte. Un bote salvavidas, sin embargo, es algo muy diferente. La persona que ha caído al mar puede ser sacada del agua y puesta en el bote. De igual manera, la salvación de nuestro Señor no puede ser igualada a un chaleco salvavidas, sino a un bote salvavidas. El Señor no permitirá que permanezcas en un estado que no es "ni de vida ni de muerte"; por el contrario, Él salvará a su pueblo de sus pecados porque Él no nos ha dejado en nuestros pecados. De ahí que la salvación de la que se habla en la Biblia es una salvación de nuestros pecados. No obstante, ¡cuántos de nosotros, aunque en realidad salvos todavía, continuamos viviendo en pecado! ¿Puede la Biblia ser falsa? Claro que no. La Biblia tiene razón, mientras que nuestra *experiencia* está equivocada.

2. *Una vida que mantiene íntima comunión con Dios.* "Y nos levantó un poderoso Salvador en la casa de David su siervo(. . .) que, librados de nuestros enemigos, sin temor le serviríamos en santidad y en justicia delante de él, todos nuestros días" (Lc 1:69,74-75). Dios ha levantado "un poderoso Salvador" en la casa de David. Este poderoso Salvador ya lo tenemos. ¿Qué hace esto por nosotros y hasta qué punto nos ha librado? Nos ha "librado de nuestros enemigos". ¿Cómo debemos entonces vivir hoy, ahora que somos librados de las manos de nuestros enemigos? ¿Es que debemos servirle *algunas veces*

en santidad y en justicia? Gracias y gloria al Señor, Él quiere que le sirvamos "en santidad y en justicia *todos nuestros días*". Mientras vivamos, debemos servirle a Él en santidad y en justicia. Esa es la vida que Dios ha ordenado.

3. Una vida que está completamente satisfecha con el Señor. "Mas el que bebiere del agua que yo le daré, no tendrá sed jamás; sino que el agua que yo le daré será en él una fuente de agua que salte para vida eterna." (Jn 4:14). ¡Qué preciosa es esta palabra! Nuestro Señor no dice que un cristiano *especial* va a recibir de Él una gracia *especial* para que en él pueda haber una fuente que salte para vida eterna. De ninguna manera. Nuestro Señor dice: "*¡todo aquél que bebiere!*" Aún más, Él dirige esta palabra directamente a una mujer samaritana, ¡una extranjera! Él le dice, si tú crees, tendrás el agua viva, que vendrá a ser una fuente que salte para vida eterna.

¿Qué es la sed? Es estar insatisfecho. Pero cualquiera que bebe el agua ofrecida por el Señor nunca más tendrá sed. *Todo* cristiano debe conocer no sólo el contentamiento, sino aun la eterna satisfacción. Si sólo conoce el contentamiento, tiene que conocer más. Lo que Dios nos da produce satisfacción eterna.

Muchas veces cuando usted camina por la calle principal de la ciudad, ¿no siente sed? Cuando usted camina por las grandes tiendas, ¿está usted sediento de algo? Quizás uno puede imaginar que si tuviera esto o lo otro, qué feliz sería la vida. Esto es sed. Cuando usted nota lo que su colega o compañero de estudios tiene, ¿anhela lo que él posee? Sin embargo, nuestro Señor declara: "todo aquél que bebiere del agua que yo le daré, no tendrá sed jamás, sino que el agua que yo le daré será en él una fuente de agua que salte para vida eterna". Esta es la clase de vida que Él da, aun cuando nuestra experiencia cuente una historia diferente.

Nuestro Señor Jesús dice que tenerle a Él es suficiente, pero nosotros decimos que tenerle a Él no es todavía suficiente, todavía deseamos otras cosas para satisfacernos. ¿Cuál es el error, lo que el Señor nos da o nuestra experiencia? Una de estas dos afirmaciones *tiene* que estar equivocada. Sin embargo, el Señor nunca escribe un cheque sin suficientes fondos para respaldarlo. Él da todo lo que dice que da. Nuestra experiencia en el pasado es como si estuviéramos "medio salvos". ¿Por qué dice Él que cualquiera que cree en Él no tendrá sed jamás? Porque algo nuevo ha sucedido en esa persona. Dentro de él ahora hay un nuevo deseo y una nueva satisfacción. Permítame preguntarle esto: ¿Vive usted delante de Dios sirviéndole diariamente en santidad y en justicia? ¿Hay algo que salta dentro de usted que satisface la sed de otras personas? Los chinos tienen un proverbio: "haciendo nada"; pero nosotros los cristianos podemos decir: "pidiendo nada". No pedimos nada más porque estamos plenamente satisfechos con el mismo Señor. ¿Es esto cierto en usted? Si usted todavía se siente insatisfecho, su experiencia de vida está sin duda equivocada.

4. Una vida llena de influencia. "Jesús se puso en pie y alzó la voz, diciendo: Si alguno tiene sed, venga a mí y beba. El que cree en mí, como dice la Escritura, de su interior correrán ríos de agua viva" (Jn 7:37-38). ¿Del interior de quién fluirán ríos de agua viva? No sólo de los llamados cristianos *especiales*, tales como los apóstoles Pablo, Pedro y Juan; sino también de todo el que cree, tales como usted y yo. Esto hace que las personas que se relacionan con nosotros encuentren satisfacción y no tengan más sed.

Tengo una amiga que cuando uno está en contacto con ella, se siente inmediatamente convencido de la trivialidad de amar al mundo, la necedad de ser ambicioso y la insipidez de codiciar. Un día uno puede considerar cierta cuestión muy insatisfactoria, pero cuando está cerca de ella, uno siente que ya está satisfecho con el Señor. O uno puede encontrar satisfacción en cierta cosa, pero cuando habla con ella le hace sentir que esa cosa realmente no es nada. De dentro del creyente, dice Jesús, fluirán ríos de agua viva. Esto es lo que el Señor ha provisto y debe ser la experiencia normal de todos los cristianos. Porque lo que digo aquí no es para ser experimentado por sólo algunos santos especiales, sino que debe ser la experiencia que todos los cristianos tienen en común.

Tenemos que preguntarnos a nosotros mismos, ¿dejan las personas de tener sed una vez que han tenido contacto con nosotros? ¿O continúan sintiendo sed? Si cuando las personas nos dicen que su vida es infeliz, triste y está destruida, nosotros pensamos lo mismo, eso demuestra que no somos ríos de agua viva, sino desiertos estériles que secan la humedad y matan las plantas. Tal condición confirma que estamos equivocados. Sin embargo, Dios nunca se equivoca.

5. *Una vida que está libre del poder del pecado.* "A vosotros primeramente, Dios, habiendo levantado a su Hijo, lo envió para que os bendijese, a fin de que cada uno se convierta de su maldad" (Hch 3:26). Este es el mensaje que Pedro entregó en el pórtico del templo en Jerusalén. Lo que el Señor Jesús ha logrado es que las personas se conviertan de su maldad. La experiencia *mínima* de un cristiano es ser libre del pecado. Todo lo que él sabe que es pecado tiene que ser vencido. Yo no insisto en que conquistemos los pecados de los cuales no tenemos conocimiento, sino declaro que debemos vencer por medio del Señor todos los pecados que conocemos. Debemos vencer todos los que nos han enredado por muchos años. La Biblia dice: "si alguno fuere sorprendido en alguna falta" (Gá 6:1a); sin embargo, demasiado a menudo nuestra experiencia como creyentes es que sólo vencemos en algunas ocasiones. ¡Qué anormal es nuestra experiencia!

"¿Qué, pues, diremos? ¿Perseveraremos en el pecado para que la gracia abunde? De ninguna manera. Porque los que hemos muerto al pecado, ¿cómo viviremos aún en él?" (Ro 6:1,2). Nosotros los que creemos en el Señor Jesús hemos muerto al pecado. Así que ningún cristiano debe continuar en él. ¿Cómo sabemos que estamos muertos al pecado? Pablo provee la respuesta en el próximo versículo: "¿O no sabéis que todos los que hemos sido bautizados en Cristo Jesús, hemos sido bautizados en su muerte?" (v. 3). En otras palabras, los que han sido bautizados están muertos al pecado. Porque el bautismo es en la muerte de Cristo Jesús. "Porque somos sepultados juntamente con él para muerte por el bautismo, a fin de que como Cristo resucitó de los muertos por la gloria del Padre, así también nosotros andemos en vida nueva" (v. 4). Esta es la clase de vida que un cristiano debe vivir diariamente. Todos los que han sido bautizados deben andar en una vida nueva. No son cristianos especiales los que Pablo tiene en mente aquí; más bien, son los que se han bautizado recientemente. Todos hemos sido bautizados, por consiguiente debemos andar en vida nueva. Esta experiencia es ordenada por Dios para todos los creyentes. "Porque el pecado no se enseñoreará de vosotros; pues no estáis bajo la ley, sino bajo la gracia" (Ro 6:14). ¡Cómo me encanta este versículo! Permítanme preguntarles: ¿Quién es el que según dice el versículo no está bajo la ley sino bajo la gracia? ¿Es Andrés Murray? ¿O Pablo? ¿O Pedro o Juan? ¿O es que *todos los que creen* no están bajo la ley sino bajo la gracia? ¿Cuántos de ustedes están hoy bajo la gracia? Gloria y gracias sean dadas a nuestro Dios; *todos nosotros* estamos bajo la gracia, ¡y ninguno de nosotros está ya bajo la ley!

Las palabras que preceden a la declaración que acabamos de mencionar son "el pecado no se enseñoreará de vosotros". ¡Aquí se declara que el pecado no será nuestro señor! La victoria no es la experiencia de cristianos especiales, sino que es una experiencia que todos los creyentes deben compartir; porque todos los que son salvos están bajo la gracia. Cuando yo fui salvo, consideraba este versículo el más precioso. En aquellos días confesaba que tenía muchas victorias sobre muchos pecados y Dios era en realidad misericordioso conmigo. Sin embargo, había un pecado en particular que tenía dominio sobre mí y algunos otros pecados que regresaban con frecuencia para perturbarme una y otra vez. Esto se puede ilustrar con lo que me sucedió un día mientras caminaba por la calle. Me encontré con cierto hermano a quien saludé con la cabeza al reconocerlo. Un momento después salí de una tienda y lo encontré por segunda vez. Y por segunda vez lo reconocí saludándolo con la cabeza. Entré en otra tienda y cuando salí, me lo encontré otra vez. Así que otra vez, lo saludé con la cabeza. Crucé a otra calle, y allí para mi asombro, ¡lo encontré por cuarta vez! Después en otra calle lo vi otra vez. En un solo día me había encontrado con él cinco veces y le había saludado cada vez con la cabeza. Esto puede ilustrar muy bien la manera en que nos encontramos con el pecado.

No sabemos por qué siempre nos encontramos con este o aquel pecado en particular como si nos estuviera siguiendo. Sin embargo, sucede. Algunos encuentran que el mal genio los sigue; a otros, el orgullo los sigue; a algunos, los celos; a otros, la pereza; a otros, la mentira; a algunos, la infelicidad y la autocompasión; a otros, la mezquindad; a algunos, el egoísmo; a otros, los pensamientos impuros; y a otros, las pasiones impuras. En realidad, todo el mundo parece tener un pecado especial que siempre lo sigue. Yo personalmente encontré que algunos pecados me seguían con más poder y tenacidad. Tengo que aceptar que el pecado *tenía* dominio sobre mí. Finalmente, confesé al Señor: "Tú has dicho que el pecado no tendrá dominio sobre mi; por tanto, reconozco que la falta debe estar en mí y no en tu palabra."

Aunque usted viva una vida derrotada, de todas maneras sabe que esa no es la vida ordenada por Dios. Si el pecado todavía tiene dominio sobre usted, debe entender claramente que esto no es lo que Dios ha ordenado. Porque su Palabra dice que: "el pecado no se enseñoreará de vosotros".

"Ahora, pues, ninguna condenación hay para los que están en Cristo Jesús" (Ro 8:1). En mi predicación he explicado la palabra "condenación" muchas veces. Hace unos veinte años, de un viejo manuscrito extraído de la tierra, se explicó que esta palabra en el idioma griego original tenía dos usos: uno, civil; el otro, legal (y es en este último sentido es que se usa la palabra "condenación"). De acuerdo con el uso civil, se puede traducir como "sin fuerza". Así que legítimamente podríamos traducir este versículo como sigue: "Ahora pues, no hay carencia de fuerza para los que están en Cristo Jesús." ¡Qué maravilloso es esto! Permítanme preguntarles otra vez, ¿de quién habla este versículo? ¿Sólo de los Wesley? ¿O de Martín Lutero? ¿O sólo de Hudson Taylor? ¿Qué dice la Escritura aquí? Dice que los que están en Cristo Jesús no tienen que carecer más de fuerzas. ¿Quiénes son esas personas? Son todos los cristianos, puesto que todos los cristianos están en Cristo, y nadie que esté en Cristo está carente de fuerzas.

"Porque la ley del Espíritu de vida en Cristo Jesús me ha librado de la ley del pecado y de la muerte" (v. 2). Repetiré cientos de veces que no son santos especiales los que son librados de la ley del pecado y de la muerte. Por el contrario, la verdad es que *todo* cristiano es libre de la ley del pecado y de la muerte. ¿Qué quiere decir "estar sin fuerzas"? Es de lo que se habla en Romanos 7: "Porque el querer el bien está en mí, pero no el hacerlo. Porque no hago el bien que quiero, sino el mal que no quiero, eso hago" (vv. 18b-19). En otras palabras, la idea clave de Romanos 7 indica que yo no tengo fuerza, no puedo hacerlo. La historia de muchos cristianos no es más que un constante ciclo de decisiones y promesas quebrantadas. Pero damos gracias y alabamos a Dios que su palabra declara que ningún cristiano está ahora sin fuerzas.

¿Qué es la ley? Es algo que siempre se repite. Una ley obra de la misma manera y produce el mismo resultado en cualquier lugar y bajo cualquier circunstancia. Es un fenómeno constante, revela un hábito continuo y siempre termina con el mismo efecto. Existe, por ejemplo, la fuerza de la gravedad en el centro de la tierra. Dondequiera que uno lance un objeto, ese objeto siempre será atraído por esta fuerza de gravedad y caerá hacia abajo. Esta fuerza de gravedad es por lo tanto una ley universal.

Para algunos, entonces, las explosiones de ira vienen a ser una ley. Tal vez soporte la tentación una o dos veces, pero en la tercera ocasión en que se le provoque comenzará a agitarse y para la cuarta vez explotará en un arrebato de ira. No importa qué persona o cosa encuentre. Primero *puede* soportar una provocación, pero su genio siempre explotará finalmente. Así que en cada ocasión él se ve tentado a perder el control y sin excepción termina con el mismo resultado.

El orgullo a menudo actúa de la misma manera. Uno puede permanecer impasible a la primera palabra de elogio, pero sentirá que su rostro resplandece de orgullo si escucha una segunda palabra de alabanza. Cualquier cosa que sigue el mismo procedimiento y produce el mismo resultado constituye una ley. En breve, pecamos hasta que pecar viene a ser una ley.

Es necesario decir otra vez que no son los cristianos especiales los que son librados de la ley del pecado. Más bien, *ningún* cristiano en lo sucesivo tiene que carecer de fuerzas; *todo* cristiano está libre de la ley del pecado. Los pasajes de la Escritura que se han citado son hechos, no mandamientos. Por consiguiente deben ser la experiencia de todos los creyentes. Sin embargo, qué triste que nuestra experiencia no esté a la altura de la Palabra de Dios.

6. *Una vida que vence el medio ambiente* "¿Quién nos separará del amor de Cristo? ¿Tribulación, o angustia, o persecución, o hambre, o desnudez, o peligro, o espada?... Antes, en todas estas cosas somos más que vencedores por medio de aquél que nos amó" (Ro 3:35,37). Por medio del Señor que nos amó somos más que vencedores en todo. Esta es, en realidad, la clase de experiencia que un cristiano debe tener. Sin embargo, un pequeño cambio en el semblante de otro, ¡sin mencionar tribulación ni espada!, nos hace perder la conciencia del amor de Cristo. No obstante, Pablo declara que en todas estas cosas somos más que vencedores.

La victoria debe ser la experiencia *normal* del cristiano; la derrota es anormal. Porque de acuerdo con la voluntad de Dios, cada cristiano debe ser más que vencedor en toda clase de circunstancia. Ya sea tribulación, angustia, persecución, hambre, desnudez, peligro o espada, no sólo venceremos, ¡sino seremos *más que* vencedores! Por medio del amor de Cristo, no nos importarán esas cosas, porque seremos más que vencedores sobre ellas. Y esa tiene que ser la experiencia cristiana tal como Dios lo ha ordenado. ¿Pero cuál es *nuestra* experiencia? Es triste decirlo, pero no hemos vivido rectamente. Porque apenas llega un poco de tribulación a nuestra vida y ya gritamos y nos quejamos de lo mucho que hemos soportado y sufrido. Sin embargo, si vivimos rectamente, seremos más que vencedores en todas esas cosas.

"Mas a Dios gracias, el cual nos lleva siempre en triunfo en Cristo Jesús, y por medio de nosotros manifiesta en todo lugar el olor de su conocimiento" (2 Co 2:14). La vida cristiana no es una vida que a veces triunfa y a veces fracasa, no es una vida que está derrotada en la mañana y victoriosa a la tarde. Es *siempre* triunfante. De acuerdo con la regla bíblica, ¡debe ser considerado como *extraño* que uno *no* sea vencedor y ser considerado como *normal* que uno *sea* vencedor!

7. *Una vida que practica el bien.* "Porque somos hechura suya, creados en Cristo Jesús para buenas obras, las cuales Dios

preparó de antemano para que anduviésemos en ellas" (Ef 2:10). Todos sabemos que este versículo es la continuación de esos versículos tan familiares y preciosos que son el ocho y el nueve. Lo que se menciona en los versículos anteriores es que somos salvos por gracia; pero aquí dice que somos hechura suya, creados para buenas obras que Dios preparó de antemano para nosotros. Esta no es una descripción de la experiencia de algún cristiano especial, sino por el contrario, la experiencia normal compartida por todos los creyentes, lo cual significa que Dios nos salva a *todos* para que *todos* podamos hacer buenas obras.

¿Hace usted buenas obras de acuerdo con lo que Dios ha ordenado? ¿O está haciendo buenas obras por un lado y por el otro está murmurando? Por ejemplo, quizás está limpiando el piso. Mientras está limpiando, se está preguntando al mismo tiempo por qué sólo usted y otro hermano lo están haciendo. ¿Por qué no hay otros hermanos limpiando también? Cuando piensa así, o se pone orgulloso por lo que está haciendo o comienza a murmurar acerca de los otros. Esto no se puede considerar como buenas obras. Todos los cristianos deben hacer el bien con el corazón lleno de gozo, sin escasez ni limitaciones, sin egoísmo, con un deseo de dar su vida por otras personas. ¡Qué triste sería si sólo los mejores cristianos pudieran hacer buenas obras!

8. Una vida llena de luz. "Otra vez Jesús les habló, diciendo: Yo soy la luz del mundo; el que me sigue, no andará en tinieblas, sino que tendrá la luz de la vida" (Jn 8:12). Esta es la vida que Dios ha ordenado para los cristianos. No es una clase *especial* de cristianos la que puede caminar en la luz de la vida, sino que *todos* los que siguen a Cristo no deben andar en tinieblas, sino que pueden tener la luz de la vida. Un cristiano que está lleno de luz es un cristiano *normal*; el que no tiene luz es sin duda anormal.

9. Una vida que está completamente santificada. "Y el mismo Dios de paz os santifique por completo; y todo vuestro ser, espíritu, alma y cuerpo, sea guardado irreprensible para la venida de nuestro Señor Jesucristo" (1 Ts 5:23). Esta es la oración del apóstol Pablo por los creyentes tesalonicenses.

Puesto que él oró: "os santifique por completo", es evidente que estar completamente santificado es posible y que "ser guardado irreprensible" es también posible. Porque Dios es poderoso para santificarnos completamente y para guardarnos irreprensibles. Todos esos temas que han sido mencionados tienen que ver con lo que el Señor ha provisto para los cristianos. Su salvación es tal que capacita a los creyentes para mantener una comunión ininterrumpida con Dios así como para vencer el pecado de forma tan completa que podemos pisotearlo debajo de nuestros pies. Así es la vida ordenada por el Señor para todos. Y no es teoría, sino una realidad.

USTED DEBE EXPERIMENTAR LA PLENA SALVACIÓN DE DIOS

¿Cuál es su experiencia hoy? Si su experiencia es diferente a lo que está detallado en las Escrituras, entonces usted necesita una salvación *completa*. Que usted es salvo es una realidad; pero no ha obtenido la salvación completa. ¿Puedo por consiguiente darle buenas noticias? Lo que el Señor ha efectuado en la cruz no sólo puede salvarle de la condenación del pecado, sino también puede librarle del dolor del pecado. Porque Él ha preparado una salvación completa para nosotros para que podamos vivir diariamente en victoria así como recibir la salvación inicial.

¿Qué es la victoria? La victoria es en realidad una faceta de saneamiento de la salvación. Esto es porque en el momento que fuimos salvos, algo faltaba, pero no por parte de Dios; porque Él nunca nos da una salvación que nos deja viviendo una vida sin rumbo: Él quiere que tengamos salvación *completa*. Pero a causa de que no estamos bien salvos, necesitamos hoy día esta faceta de saneamiento, que no es otra cosa que la experiencia de victoria.

¿Nos salvó Dios para que sigamos viviendo continuamente pecando y arrepintiéndonos? ¿Podemos continuar en pecado habiendo muerto el Hijo de Dios por nosotros? ¿Es cierto que porque pecamos antes de ser salvos no podemos evitar pecar después? ¿Tendrá el pecado dominio sobre nosotros después que somos salvos? Dios y el pecado son completamente opuestos uno al otro. ¿Permitiría Dios que el pecado permanezca en nosotros? Nunca. ¡Es demasiado abominable! Ya sea físico, psicológico o emocional, el pecado todavía es pecado.

Digamos al Señor: "Señor, te alabo y te doy gracias porque lo que tú has hecho en la cruz me ha libertado del poder del pecado y de su condenación. Permíteme ver mi necesidad y buscar la victoria." Si su experiencia no está de acuerdo con lo que las Escrituras declaran, entonces necesita sin duda tener victoria. Que el Señor nos ilumine para que podamos conocernos a nosotros mismos. Que no nos engañemos al imaginarnos que pecar es inevitable para un cristiano. Pienso que ningún pensamiento ofende al Señor más que esta clase de actitud.

¿Qué pensamos *realmente* que ha logrado la cruz de Cristo? ¿Ha logrado sólo un poco para nosotros? No nos engañemos a nosotros mismos. No presumamos de que podemos reprimirnos y controlarnos. Porque esta represión y control de nosotros mismos no constituye una victoria. La victoria de Cristo destruye al pecado por completo. Gloria al Señor que el pecado ha sido hollado bajo sus pies. Pero hoy los que no han obtenido ni comunión ininterrumpida con Dios ni tienen el poder para vencer el pecado están en necesidad de victoria. Que Dios tenga misericordia de cada uno de nosotros.

3
La naturaleza de la vida victoriosa

El que es la gloria de Israel [la Victoria de Israel] no mentirá, ni se arrepentirá, porque no es hombre para que mienta.

1 Samuel 15:29

La primera mención de victoria en toda la Biblia se encuentra en 1 Samuel 15:29. Allí dice que la victoria no mentirá ni se arrepentirá. La victoria de Israel no es un experiencia ni un evento; es una persona. Estoy seguro de que todos saben quién es esa Persona. ¡Es Cristo! Por lo tanto, permítanme decirles que hoy la victoria no reside en nosotros, ni es nuestra propia experiencia. El problema de la victoria no es suyo; ¡la victoria es la persona de Cristo viviendo en usted! Por lo tanto, la victoria que obtenemos no miente ni se arrepiente. ¡Gloria a Dios, la victoria es una Persona!

De acuerdo con la Palabra de Dios, la naturaleza de la vida victoriosa tiene muchos aspectos. Pero describiremos sólo cinco de sus muchas características.

EL SIGNIFICADO DE ESTA VIDA: NO UNA VIDA CAMBIADA, SINO UNA VIDA CANJEADA

Ante todo, obsérvese que la victoria es una vida canjeada, no una vida cambiada. La victoria no es que yo he cambiado, sino más bien que yo he sido *canjeado*. Un versículo que es muy familiar para nosotros es Gálatas 2:20: "Con Cristo estoy juntamente crucificado, y ya no vivo yo, mas vive Cristo en mí; y lo que ahora vivo en la carne, lo vivo en la fe del Hijo de Dios." ¿Qué significa este versículo? Tiene sólo un significado: la vida es una vida canjeada. Básicamente, no soy más yo, porque no tiene absolutamente nada que ver conmigo. No es que el yo malo se ha convertido en el yo bueno o que el yo inmundo se ha convertido en el yo puro. Es simplemente que "no soy yo". Hoy día las personas cometen el grave error de pensar que la victoria es progresiva y la derrota es regresiva, que si la persona es capaz de controlar su temperamento o mantenerse en íntima comunión con Dios, entonces es victoriosa. No es así. Tengamos siempre presente que la victoria no tiene ninguna relación con nuestro propio yo.

Un hermano confesó llorando que no podía tener victoria. Varias veces le dije que en realidad él no podía vencer. Él continuaba diciendo que no podía vencer. ¿Cómo podía yo ayudarlo? Le dije a este hermano: "Dios nunca le ha pedido que *usted* venza. Él nunca le ha pedido que cambie su mal genio por un buen carácter, su dureza por gentileza o su tristeza por gozo. El método de Dios es simplemente canjear su vida por Otra Vida, que por consiguiente no tiene absolutamente nada que ver con usted."

Una hermana se quejaba de que para otros parecía fácil vencer, pero que para ella era muy difícil. Decía que no podía controlarse a sí misma porque su temperamento era peor que el de los demás, sus pensamientos más impuros y su carácter más astuto que el de la mayoría de personas. Mi respuesta para ella fue ésta: "En realidad, no sólo es *difícil* para usted vencer, es tan difícil que es *imposible*. ¿Piensa realmente que le sería mucho más fácil vencer si por naturaleza fuera un poco más honesta, tuviera un mejor temperamento y pensamientos más puros? Permítame decirle, que no existe tal cosa, porque no importa cuán amable, santa y perfecta sea una persona, a menos que ella sea quitada del medio y permita que Cristo tome su lugar, no podrá vencer. De igual manera, una persona aún peor, más inmunda y más imperfecta podrá sólo experimentar victoria cuando deje que Cristo entre y ocupe su lugar. Así como el que tiene buen temperamento y buena moral necesita creer en el Señor Jesús para salvación tanto como la persona con un temperamento malo y una moral terriblemente corrupta, así también el de buen temperamento y buena moral necesita la victoria para santificación tanto como el de mal temperamento y moral corrupta. La victoria es Cristo mismo, no tiene nada que ver ni con usted ni conmigo."

Una vez conocí a una hermana que tenía increíbles dificultades para alcanzar la victoria. Tardó dos horas en contarme sus derrotas y fracasos desde la niñez hasta los cincuenta años de edad. No había manera que pudiera vencer su orgullo y su mal genio. Sufría derrotas todo el tiempo. Nunca había conocido a una persona que deseara la victoria tanto como ella, ni tampoco había conocido a una persona para quien la victoria era algo tan difícil de lograr. Se lamentaba de sus fracasos. Hasta pensó en el suicidio a causa de sus derrotas. Se sentía tan impotente. Mientras me contaba su historia, comencé a reírme. "Hoy", le dije, "el Señor Jesús ha encontrado a una paciente ideal a quien sanar."

Esta hermana estaba tan llena de pecado, orgullo y mal genio, que seguramente lo contaminaría con lo que decía si es que uno no supiera lo que es la victoria. Uno probablemente estaría de acuerdo con ella de que no hay esperanza. Pero de la Palabra de Dios vienen buenas nuevas de gran gozo porque aunque uno no pueda cambiar, sin embargo, puede ser canjeado. La vida que triunfa es una vida que ha sido canjeada. Si fuera por usted, nunca lo lograría; pero si es un asunto de Cristo, no hay absolutamente ningún problema. La cuestión es: ¿quién es el que vence, usted o Cristo? Si es Cristo, entonces no importa cómo es usted por naturaleza, aunque sea diez veces peor que otros.

Le pregunto, ¿qué es la victoria? No es que *usted* venza, es *Cristo* quien vence por usted. Las Escrituras enseñan sólo una clase de victoria y esto es lo que declara Gálatas 2:20: "ya no vivo yo, mas vive Cristo en mí". Los fukieneses en el sur de China tienen un proverbio: "No cambia ni siquiera con la muerte". Les dije esto a los hermanos en Peking y observé que todos deberíamos decirnos a nosotros mismos: "No cambio ni siquiera con la muerte". ¡Gloria al Señor que yo no he cambiado, sino que *he sido canjeado!*

Una hermana me preguntó cuál era la diferencia entre cambiado y canjeado. Usaré la siguiente ilustración. Imagínese que tengo en la mano una copia de una Biblia muy usada. Si quisiera cambiarla, le pondría una nueva cubierta y le haría imprimir sobre la cubierta las palabras "Santa Biblia" en oro.

Aún más, si faltara alguna letra dentro de las páginas, se la escribiría con tinta; o si una letra no estuviera clara, la escribiría con más claridad con una pluma. No sé cuánto tiempo me tomaría este proceso, ni estoy seguro si quedaría bien. Sin embargo, si decido canjearla por una Biblia nueva, esto podría hacerlo en cuestión de segundos. Y en ese caso, le podría dar mi Biblia vieja al vendedor de libros y él me la canjearía por una Biblia nueva. Es lo mismo en nuestra vida espiritual. Puesto que Dios le ha dado a su Hijo, usted no necesita hacer ningún esfuerzo propio. Necesita simplemente darle a Él su vida inservible a cambio de la vida de su Hijo.

Permítanme usar otra ilustración. Hace algunos años compré un reloj con una garantía de dos años. Pero resultó que este reloj estuvo en mi casa mucho menos tiempo que lo que había estado en el local de venta de la compañía; porque al poco tiempo ya no funcionaba con exactitud. Como resultado, tuve que llevarlo a la compañía muchas veces para repararlo; una, dos y hasta diez veces. Yo ya estaba cansado de llevarlo allá, y el reloj aún seguía dando la hora equivocada. Así que solicité a la compañía que me lo canjearan por otro reloj. Me contestaron, sin embargo, que no podían hacerlo porque no había ninguna regulación en la compañía que lo permitiera. Pero como habían garantizado el reloj por dos años, me dijeron que continuarían reparándolo durante el tiempo que durara la garantía. Esto siguió durante ocho meses, pero la compañía seguía rehusándose a canjearlo por un buen reloj. Al final me cansé tanto de esto, que dejé para siempre mi reloj en la compañía. Esta ilustración puede servir para mostrar cómo el método del hombre es siempre reparar. Reparar, reparar y reparar otra vez dentro del período de garantía de la vida. El hombre no tiene manera de canjear.

Aun en los tiempos del Antiguo Testamento, en la historia bíblica, encontramos que el método de Dios nunca fue reparar, ni cambiar, sino canjear. Observe este pasaje, por ejemplo: "a ordenar que a los afligidos de Sión se les dé gloria en lugar de ceniza, óleo de gozo en lugar de luto, manto de alegría en lugar del espíritu angustiado; y serán llamados árboles de justicia, plantío de Jehová, para gloria suya" (Isaías 61:3). Sustituir es el método de Dios. Él no cambia las cenizas, sino que da gloria en lugar de cenizas. Tampoco cambia la tristeza en lo más mínimo; Él por el contrario da óleo de gozo en lugar de tristeza. Tampoco cambia el espíritu angustiado en alabanza, sino que da el manto de alegría para canjearlo por el espíritu angustiado. "Cambiar" nunca es el método de Dios; su método es siempre "canjear". En todos esos años no he podido cambiarme a mí mismo; sin embargo, Dios me ha canjeado. Eso es santidad, eso es perfección, eso es victoria y ¡esa es la vida del Hijo de Dios! ¡Aleluya! En lo sucesivo, la gentileza de Cristo es mi gentileza; la santidad de Cristo es mi santidad; la vida de oración de Cristo es mi vida de oración; la comunión de Cristo con Dios es ahora mi comunión con Dios. No hay pecado tan grande que no lo pueda vencer. No hay tentación tan severa sobre la que no pueda prevalecer. Porque la vida que triunfa es Cristo, no yo. ¿Le tendrá Cristo alguna vez temor a un gran pecado? ¿Le tendrá temor a una gran tentación? Gloria a Dios, ya no tengo temor porque de ahora en adelante es Cristo y no yo.

EL PRINCIPIO DE ESTA VIDA: UN REGALO, NO UNA RECOMPENSA

Hay algo que debemos entender en todo esto y es que la victoria es un regalo y no una recompensa. ¿Qué es un regalo? Es algo que se le da a uno gratuitamente. Lo que uno gana a través del trabajo es una recompensa. Un regalo, en cambio, no requiere esfuerzo de su parte. Es lo que se da gratuitamente sin ningún requisito por parte del que recibe, mientras que una recompensa demanda que alguien trabaje por ella. La vida triunfante de la que estamos hablando no requiere ningún esfuerzo de nuestra parte: "gracias sean dadas a Dios, que nos da la victoria por medio de nuestro Señor Jesucristo" (1 Co 15:57). La victoria es algo que Dios ha preparado para darnos. Nuestra victoria se obtiene gratuitamente, no se consigue a través de esfuerzo propio. Muy a menudo los creyentes tenemos un concepto equivocado al imaginarnos que mientras que la salvación se nos da en forma gratuita, la victoria depende de nosotros mismos. Sabemos que no podemos añadir ningún mérito u obra nuestra para obtener la salvación. Debemos simplemente venir a la cruz y aceptar al Señor Jesús como nuestro Salvador. ¡Este es el evangelio! Nos damos cuenta de que no podemos ser salvos por obras, sin embargo, creemos que para la santificación sí debemos hacer buenas obras. Esto es lo mismo que decir que aunque uno no puede ser salvo por obras, tiene que depender de las obras para la victoria. Permítame decirle que de la misma manera que uno no es salvo por obras, tampoco puede vencer por obras. Dios ha declarado que usted no es capaz de hacer el bien. Cristo ha muerto por usted en la cruz y Él ahora vive dentro de usted. Lo que es de la carne, carne es, y Dios rechaza todo lo que viene de ella. Sin embargo, generalmente pensamos que mientras que la salvación depende de la muerte vicaria de Cristo en la cruz, debemos pensar en hacer el bien, debemos hacer el bien y debemos esperar hacer el bien para poder obtener la victoria en nuestra vida. Debemos darnos cuenta de que nosotros *no* podemos hacer el bien. ¡Dios nos da la victoria gratuitamente!

El versículo que precede a 1 Corintios 15:57 habla del pecado y de la muerte, seguido por el versículo que habla de la victoria que Dios nos ha dado. La victoria significa ser triunfador sobre la muerte tanto como sobre la ley y el pecado. Porque la redención que Dios ha obrado vence no sólo al pecado, sino también a la ley; no sólo a la ley, sino también a la muerte. Cómo desearía poder caminar entre ustedes y decirles a uno por uno que hay un evangelio por medio del cual Dios da la victoria a todos.

Sin duda usted está pensando: ¿Cómo puedo vencer la tentación? ¿Cómo puedo vencer mi orgullo? ¿Cómo puedo vencer mis celos? Cuánto esfuerzo ha empleado, y sin embargo, cuántas veces termina en desesperación. Pero yo tengo un evangelio para presentarle hoy: que la gentileza, la santidad, la vida de oración, y todo lo que está en el Señor Jesús se le da a usted gratuitamente. Cuando usted lo recibe a Él, Él es todo suyo. Y si esto no son buenas nuevas, entonces ¿qué otra cosa lo es?

Calcule, si puede, cuánto tiempo y energía debe emplear para orar continuamente y para mantener comunión ininterrumpida con Dios. Reflexione cuánto esfuerzo debe ejercitar para vencer al pecado y al mal genio. Tal vez usted pueda confesar sus pecados, pero usted no es capaz de abstenerse de pecar. Usted miente con frecuencia y a pesar de su esfuerzo en contra de ello, continúa mintiendo. He conocido a un gran número de hermanos y hermanas que me han dicho que aunque han tratado de no mentir, no pudieron cambiar y dejar de mentir. ¡Tengo un evangelio de buenas nuevas para usted hoy! Dios le ha dado gratuitamente la santidad, la paciencia, la perfección, el amor y la fidelidad del Señor Jesús. Él se lo da gratuitamente a todo el que lo desea. Dios le da comunión íntima con Él, vida santa y perfecta belleza tal como se encuentra en Cristo. Esto es todo un regalo. Pero si cree que puede tener victoria por usted mismo, no podrá cambiar su mal genio o su orgullo aun después de veinte años de esfuerzo. Usted permanecerá siendo el mismo que era hace veinte años.

Sin embargo, Dios tiene aquí una perfecta salvación para usted. Él hace que la paciencia de Cristo sea su paciencia, que la santidad de Cristo sea su santidad, que la comunión de Cristo sea su comunión, y que todas las virtudes de Cristo sean sus virtudes. !Aleluya! Tal es la salvación que Dios nos ha provisto. ¡Esto es lo que Él nos dará gratuitamente!

¿Ha observado alguna vez un pecador que trata de salvarse a sí mismo por obras? He encontrado muchos de ellos. Cuando uno encuentra a un pecador así, ¿no le dice que él no necesita hacer nada porque Cristo ya lo hizo todo? Puesto que Dios ha dado al Señor Jesús por él, todo lo que tiene que hacer es aceptarlo. Lo mismo con respecto a la victoria, hoy les entrego un mensaje similar, usted no necesita hacer *nada*, ya que Cristo lo ha hecho todo. Dios le ha dado al Señor Jesús y es bueno que lo reciba. La victoria es suya. Así como la salvación se obtiene a través del favor gratuito de Dios aparte de sus obras, así la victoria sobre el pecado es un regalo gratuito de Dios aparte de sus obras también. La salvación no necesita esfuerzos suyos y la victoria no requiere esfuerzos suyos tampoco.

Tengo aquí una Biblia. Suponga que quiero dársela a usted. Las palabras que hay en ella no fueron escritas por usted, la cubierta no fue puesta por usted, ni tampoco imprimió el título en letras doradas. Todas estas cosas fueron hechas por otros.

Es para dársela a usted como un regalo. Podemos decir lo mismo de la victoria, porque es un regalo que Dios le a usted gratuitamente. Nosotros no progresamos gradualmente hacia la victoria, la santidad y la perfección por nuestros propios esfuerzos y obras. ¡No, no, no! Si hay alguien que ha vencido, su victoria tiene que haber venido del Señor Jesús.

Hace poco conocí a una hermana que me dijo que a pesar de haberse pasado veinte años tratando de vencer su orgullo y su mal genio, no sólo había fracasado, sino que se sentía completamente desesperanzada. Esto fue lo que le dije en respuesta: "Si usted espera vencer su orgullo y su mal genio por medio de su propio esfuerzo, no tendrá éxito aun después de otros veinte años. Pero usted puede ser libre del pecado hoy mismo si sencillamente acepta el regalo de Dios. Este regalo Él se lo da gratuitamente y es suyo con sólo aceptarlo. El Señor Jesús es la victoria. Y aceptándolo a Él como su victoria, usted obtiene la victoria." Entonces ella aceptó ese regalo que Dios le había dado. Reconozca hoy la vanidad de sus obras y el fracaso de su vida. Acepte al Señor Jesucristo y vencerá.

Hay un versículo con el que todos estamos familiarizados: "El pecado no se enseñoreará de vosotros: pues no estáis bajo la ley, sino bajo la gracia" (Ro 6:14). ¿Cómo es que el pecado no tendrá dominio sobre usted? Porque usted no está bajo la ley sino bajo la gracia. ¿Qué significa estar bajo la ley? He mencionado muchas veces anteriormente que estar bajo la ley quiere decir que Dios requiere que el hombre trabaje para Él. ¿Qué, entonces, es estar bajo la gracia? Significa que Dios trabaja para el hombre. Si nosotros obramos para Dios, el pecado reinará sobre nosotros. El salario de nuestras obras es tener al pecado dominándonos. Pero si Dios obra por nosotros, el pecado no tendrá dominio sobre nosotros. Bajo la ley, nosotros obramos. Bajo la gracia, Dios obra. Cuando Dios obra, el pecado no se enseñoreará de nosotros. Porque es Él el que obra, y *esta* es la victoria. Lo que requiere esfuerzo de nuestra parte no es victoria. La victoria viene a nosotros gratuitamente.

Supongamos que hay una persona que ha pecado tanto que el pecar se ha convertido en algo tedioso y vacío e impropio para un cristiano. Permítame decirle que si usted acepta el regalo de Dios ahora puede de inmediato convertirse en una persona victoriosa. Porque el principio de la victoria es el principio de un regalo, no de una recompensa. Y todos harán bien en aceptar este regalo.

EL CAMINO HACIA ESTA VIDA: OBTENIDO, NO CONQUISTADO

La vida que triunfa se *obtiene*, nunca se *conquista*. Obtener significa sencillamente tomar posesión de una cosa. Conquistar implica que hay un largo camino por recorrer y que avanzará lentamente sin la seguridad de llegar a la meta algún día. Sin embargo, la victoria de un cristiano no se conquista a través de un proceso lento. En cierta ocasión yo estaba ascendiendo el monte Kuling. El hermano Sing-Liang Yu me invitó a ir con él. Mientras ascendíamos paulatinamente, me sentía cada vez más cansado. Después de haber avanzado cierta distancia, le pregunté al hermano Yu qué distancia nos faltaba recorrer. Me contestó que no estábamos muy lejos de la cima. Así que continuamos caminando lentamente. Pero no llegábamos. Cada vez que le preguntaba al hermano Yu, siempre la respuesta era que estábamos llegando. Finalmente llegamos. Pero imagínese si yo hubiera subido la montaña sentado en un palanquín; en ese caso no hubiera *conquistado* al monte Kuling, sino que lo hubiera *obtenido*. Todas las cosas que pertenecen al Espíritu Santo son obtenidas. Por consiguiente, todo lo que se relaciona con la victoria debe ser recibido.

"Pues si por la trangresión de uno solo reinó la muerte, mucho más reinarán en vida por uno solo, Jesucristo, los que reciben la abundancia de la gracia y del don de la justicia" (Ro 5:17). Aquí Dios declara que esa victoria es un regalo para que usted lo acepte. La victoria no es algo que debe conquistar lentamente. Es un regalo que se le da; no requiere trabajo de su parte. Imagínese que yo le doy mi Biblia. ¿Necesita hacer algún esfuerzo para obtenerla? Sólo extienda su brazo y la tendrá en un segundo. Dado que es un regalo, no necesita ir a su casa y ayunar por ella, ni tendrá que arrodillarse mirando a Jerusalén tres veces al día, ni tampoco estará obligado a cuidarse de no perder los estribos de ahora en adelante. No, todo lo que usted necesita hacer es recibirla. Así que, ¿por cuántos procedimientos tiene que pasar para recibir la Biblia? No hay ningún procedimiento, excepto tomarla con su mano. Es lo mismo con la victoria; es un regalo que usted recibe, no que conquista.

Estamos familiarizados con 1 Corintios 1:30 que dice de Dios que por Él "en Cristo Jesús, el cual nos ha sido hecho por Dios sabiduría, justificación, santificación y redención". Puesto que la sabiduría es el tema general aquí, podemos dejarla sin comentario. Aquí encontramos que Dios ha hecho que Cristo sea tres cosas para nosotros: justificación, santificación y redención. Ahora permítame preguntarle, ¿cuándo hizo Dios a Cristo nuestra justificación? Contestará correctamente que fue cuando Cristo murió en la cruz y usted lo recibió como su justificación. No tuvo que llorar tres días antes de recibirlo como su justificación, ni tuvo que pedirle disculpas a las personas a quienes habían ofendido antes de poseerlo a Él. Gloria al Señor que el Hijo de Dios murió por usted; por tanto, en el momento que usted cree, obtiene justificación. Sin embargo, es muy triste que cuando se trata de aceptar al Señor Jesús como su santificación, da vueltas y vueltas, malgastando su energía. Así como obtuvo justificación de manera instantánea cuando aceptó al Señor como su justificación, de igual manera puede de inmediato obtener santificación en el momento en que lo recibe a Él como su santificación. Si usted está planeando caminar lentamente en la senda cristiana con la esperanza de que algún día conquistará la santificación, nunca llegará a la meta. Cualquiera que piense lograr su propia justificación no será salvo; pero del mismo modo, cualquiera que piense en conseguir su propia santificación, nunca tendrá la victoria.

¿Cuál es la diferencia entre "obtener" y "conquistar"? Un elemento importante en la diferencia es el tiempo. Una es algo instantáneo, mientras la otra es algo gradual. Hay una cuento acerca de un ladrón de gallinas. Generalmente robaba siete gallinas a la semana. Más tarde pensó que debía reformarse. Así que comenzó a robar una gallina menos cada semana hasta que, después de seis semanas, dejó de robar completamente. Esto puede ser cierto de un ladrón de gallinas, pero la victoria del Señor se obtiene instantáneamente.

Cuando yo estaba en Chefoo encontré a un hermano con un carácter terrible. Cuando se enojaba, toda la familia se asustaba. Su esposa, sus hijos, sus empleados en su tienda de bordados, y aun sus hermanos cristianos le tenían temor y temblaban. Esto último era porque a veces causaba disturbios hasta en el lugar del culto. Un día él me confesó que no tenía manera de controlarse. Le dije que si él había aceptado al Señor como su victoria podía obtener la victoria de inmediato. Entonces la aceptó y experimentó la victoria.

Algún tiempo después de esto me preguntó cuántos días habían pasado desde que había obtenido la victoria. Juntos calculamos que hacía cerca de un mes. Entonces me contó que un día durante ese período su esposa estaba tan enferma que parecía que se iba a morir. Si esto hubiera sucedido antes, él hubiera estado tan ansioso que hubiera caminado de una habitación a otra con la cara larga y cada vez más enojado. Pero en esta ocasión en que su esposa estaba enferma y su pulso se debilitaba cada vez más, él suavemente le dijo a Dios que todo estaba bien aun si Él se la llevaba. Su mal genio había desaparecido por completo. Su esposa mejoró y fue tratada con acupuntura. Y el esposo ahora estaba cuidando a su esposa con amor paciente.

El día que salí de Chefoo, él fue a despedirme. Me dijo que durante las últimas veinticuatro horas no había tenido nada de ansiedad, como si fuera la esposa de otro la que todavía estuviera enferma y no la de él. En ese tiempo también tenía problemas con sus empleadas. Me dijo que durante el último mes muchas cosas habían sucedido en su tienda. Antes hubiera estado enojado, pero ahora lo tomaba todo como si no fuera problema suyo. Hasta podía preguntarles riéndose por qué hacían esas cosas. Su mal genio había desaparecido. Les digo, esto es *obtener*. Si hubiera sido *conquistar*, este hermano no hubiera podido alcanzar la victoria aun después de veinte años de esfuerzo.

En cierta ocasión una misionera fue a la India. Lo único que trajo con ella fue su mal carácter. A menudo perdía los estribos. Ella misma confesó una vez que si *ella* podía ser paciente, *el mundo entero* podía ser paciente. Su compañera espiritual había conocido ya el secreto de tomar a Cristo como la vida triunfante. Le escribió a la misionera diciéndole acerca del secreto de la victoria y cómo se obtenía. Tan pronto como la recibió, esta misionera actuó de acuerdo con lo que decía la carta. Tres meses más tarde, la amiga de la misionera recibió su respuesta. Esta era la esencia de su respuesta: "Tan pronto como leí tu carta, ¡supe que aquí estaban las buenas nuevas! Cristo es paciencia. En el momento en que lo acepté, mi mal genio desapareció. Pero debido a la gravedad de mis fracasos más recientes, no me atreví a revelarlo hasta que lo hubiera probado durante tres meses. Mis sirvientes indios son lentos, pero muy astutos. Y en el pasado, cada vez que cerraba la puerta, la golpeaba para mostrarles mi desagrado. Sin embargo, desde que empecé a practicar lo que me sugeriste en tu carta, no he golpeado la puerta ni una sola vez, ni tampoco he tenido más una actitud de enojo." El Señor obtuvo la victoria sobre el pecado; por consiguiente, usted no tiene que hacer ningún esfuerzo.

Permítanme repetir que la victoria es algo que se obtiene, no se conquista.

POSEER ESTA VIDA ES UN MILAGRO

"Ocupaos en vuestra salvación con temor y temblor, porque Dios es el que en vosotros produce así el querer como el hacer, por su buena voluntad" (Fil 2:12b-13). Pablo nos recuerda esto. La razón por la cual podemos "ocuparnos" según la "buena voluntad" de Dios es simplemente porque es Él quien nos capacita para ocuparnos. Es Dios quien se mueve en nuestro interior para que podamos ser santos. No es porque nos esforzemos, sino porque Dios obra todo en nosotros. Porque esta vida perfecta y santa no es el resultado de nuestro esfuerzo sino la obra consumada por el Señor mismo.

Reconozco que a menos que ocurra un milagro muchas personas en la tierra nunca podrán deshacerse de su corrupción. Algunas personas no conocen sus fracasos; no ven su incapacidad. Otras personas se dan cuenta de que no tienen ningún control sobre su orgullo, su carácter o su temperamento. A menos que haya un milagro, nadie llegará a la victoria. Porque, ¿quién entre nosotros puede vencer el pecado? El método humano es reprimir el pecado. Pero cuando Dios obra, Él milagrosamente quita a nuestro hombre viejo y nos da un corazón puro. ¡Qué felices seríamos si conociéramos la victoria de Dios! Había una hermana con un carácter más temible que el de la mayoría de la gente. Su esposo, sus hijos y casi todo el mundo le temían. Pero ella era cristiana. ¿Qué podía hacer con su mal carácter? Después de muchos años, aceptó al Señor Jesús como su victoria. De inmediato tuvo que enfrentarse a una prueba muy difícil. Ocurrió a la mañana siguiente de haber aceptado al Señor Jesús como su victoria. Su esposo y un sirviente estaban tratando de colgar una lámpara de cristal en la planta baja. Esta lámpara de cristal valía mucho. De alguna manera, su esposo y el criado, por descuido, dejaron caer la lámpara y esta se hizo añicos. En ese mismo momento ella bajaba las escaleras. Cuando el esposo la vio, se quedó pasmado de miedo anticipando una explosión de ira. Sin embargo, contrario a lo que esperaba, ella tranquilamente dijo que ya que la lámpara se había roto, iba a barrer los cristales. Su esposo estaba asombrado. Por lo general ella armaba un escándalo si una tacita o un plato se rompían. Así que él estaba convencido que ella explotaría por lo que había sucedido. Ante semejante cambio, le preguntó si había dormido bien o si estaba enferma. Su respuesta fue que no estaba enferma, sólo que el Señor había quitado milagrosamente al hombre viejo. Su esposo clamó: "¡Esto es un milagro, esto es un milagro!" Era un milagro en verdad. Gloria a Dios.

El señor Charles G. Trumbull, editor en Estados Unidos de Norteamérica del *Sunday School Times*, era un hombre muy espiritual. Él reconocía que la vida triunfante era realmente un milagro. Una vez le testificó al anciano de una iglesia que después que aceptó al Señor Jesús como su vida, no había perdido ni una vez más los estribos, ni siquiera había tenido la inclinación de hacerlo. "¿Quiere usted decir que todos los viejos pecados han sido eliminados?" preguntó el anciano. "Así es", respondió el señor Trumbull. "Bueno, creo que esto es cierto en *su* vida porque creo en su palabra", dijo el anciano, "pero nunca será una realidad para mí." Más adelante, el señor Trumbull le pidió al anciano que orara con él. Ese día tuvieron una larga sesión de oración. El anciano finalmente lo aceptó como una realidad obtenida. Un día el señor Trumbull se encontró con el anciano, que le testificó: "Nunca en mi vida he experimentado lo que sucedió esa tarde de oración con usted. ¡Es verdaderamente un milagro! No hay necesidad de lucha, ni de esfuerzo, ni siquiera hay que desearlo. Esto es realmente maravilloso, es un milagro." Algún tiempo después le escribió al señor Trumbull diciéndole que en el lugar que trabajaba había una influencia maléfica entre los miembros de la Junta Directiva. Sin embargo, mientras que antes hubiera tenido que contenerse, ¡ahora ni siquiera sentía la más mínima agitación! ¡Qué gran milagro era este!

¿Tiene usted algún problema que no puede resolver o algún pecado con el que no puede lidiar? Si es así, el Señor Jesús puede hacer un milagro inmediatamente. Cualquier cosa que le haya traído frustración durante años Él la puede resolver de inmediato. El Señor obra milagros sin que importe cuál sea el pecado, ya sea del espíritu, de la carne, del pensamiento, del cuerpo, del temperamento, ya sea la incapacidad para hacer la voluntad de Dios, falta de consagración o incapacidad para confesar. Usted no puede consagrarse por sí mismo, pero Él puede hacer que usted lo haga; usted no puede ser paciente, pero Él le hará paciente. Él es poderoso para vencer todos los pecados. Dios es poderoso. ¡Todo es posible con su milagro de gracia!

LA CONSECUENCIA:
UNA VIDA EXPRESADA, NO REPRIMIDA

La consecuencia de tener esta vida triunfante se ve en una vida expresada, no reprimida. Nuestras llamadas victorias siempre se logran a través de la represión. Una señora anciana reprimía su genio siempre que se enfrentaba a cosas desagradables. Externamente mostraba una sonrisa en su rostro, pero internamente estaba controlando sus sentimientos con gran dificultad. Después de vivir semejante vida reprimida durante algún tiempo, encontró que la presión dentro de ella se había intensificado hasta el grado que empezó a escupir sangre. ¿Y por qué? Simplemente porque el problema había permanecido con ella. Sin embargo, la verdadera victoria en el andar cristiano es una vida *expresada*, no una vida reprimida. Una vida expresada significa mostrar lo que ya se ha obtenido. Es lo que Filipenses 2:12 nos indica cuando declara que "nos ocupemos de nuestra salvación". Previamente tratábamos de cubrirnos; ahora nos atrevemos a expresar la victoria de Cristo en nosotros. Antes, cuanto más reprimidos mejor; hoy, cuanto más expresivos tanto mejor. Puesto que Cristo vive en mí, quiero expresarlo a Él ante el mundo.

La señora Jessi Penn-Lewis tenía una joven amiga que sabía escribir poemas y tenía una gran habilidad para guiar a los niños a una vida victoriosa. Un día la señora Penn-Lewis la visitó para ver cómo era que ayudaba a los niños. En ese día en particular, esta joven amiga había invitado a más de diez niños a comer. Justo cuando habían acabado de comer y antes de limpiar la mesa, había llegado una visita. Les preguntó a los niños qué debían hacer con la mesa sucia. Ellos sugirieron cubrirla con un mantel limpio. Ella asintió y lo hizo. Después que la visita se fue, les preguntó a los niños si la visita habría visto o no la suciedad y las manchas sobre la mesa. Ellos contestaron que no. Entonces ella desafió a los niños preguntándoles: "Aunque la visita no vio la suciedad y las manchas, ¿dirían ustedes que la mesa está limpia?" Su respuesta fue esta: "Aunque la visita no vio nada, la mesa sucia sigue estando sucia todavía."

Déjenme decir aquí mismo que muchas personas están listas para estar limpias por fuera, pero no para estar limpias por dentro. ¿Quién se atreve a revelar los pensamientos y sentimientos de su corazón? Y sin embargo, consideramos que somos victoriosos. Cuando las personas nos alaban, tratamos de aparecer humildes. Podemos aparecer pacientes, pero escondemos nuestra impaciencia bajo la cubierta. Permítanme hablar francamente, que cualquier cosa que es reprimida *no* es victoria. Sólo cuando usted y yo salimos y Cristo entra tenemos victoria. Y en ese caso, cualquier cosa que expresemos es victoria.

Una hermana que conozco perdía los estribos fácilmente. Un día su sirviente rompió un jarrón. La hermana rápidamente se cubrió con una frazada, fingiendo que dormía. Tenía temor de ver la escena y explotar. Esto es una vida reprimida. Supóngase que un vendedor de frutas viene y le pide que le compre fruta, pero usted lo despide sin comprar nada. Y supóngase que él vuelve por segunda y tercera vez, pero usted sigue sin comprarle nada. Para poder vender su fruta, él tiene que reprimir su resentimiento cada vez que usted no le compra ninguno de sus productos. Eso no es victoria, no es más que una política de ventas. La victoria de Cristo, sin embargo, purifica hasta el corazón. En resumen, la victoria significa un corazón puro.

Un hermano recientemente cruzó el umbral de la victoria. Él tenía ya más de cincuenta años y había estudiado los clásicos de Confucio toda su vida. Aunque había creído en el Señor durante tres años, sólo confiaba en la sangre derramada y su valor expiatorio. Durante ese tiempo no veía una gran diferencia entre cristianismo y confucionismo. Un seguidor de Confucio intenta mejorarse a sí mismo por medio de obras de resistencia y auto-dominio. Si tiene éxito en esas obras, llega a ser un sabio. Así que después de aceptar a Cristo, este hermano todavía se ejercitaba en esos intentos. Continuaba asumiendo la actitud de Confucio de reducir un gran problema a un pequeño asunto y de reducir un pequeño asunto a nada. Pero al final de esos tres años testificó que sabía que la victoria de Cristo no había tocado su vida en absoluto. Cuán diferente es el cristianismo de otras religiones. No es sólo la diferencia testificada por la cruz, es también la diferencia de tener a Cristo viviendo dentro de nosotros. Predicamos el evangelio de redención, especialmente Cristo que vive dentro nuestro. Previamente este hermano había sido un genuino discípulo de Confucio manteniendo un estricto control sobre sí mismo. Ahora, sin embargo, él se había desprendido de sí mismo y había permitido a Cristo vivir a través de él, sin represión y sin derrota.

Los cinco puntos mencionados revelan la naturaleza de esta vida triunfante. Pero añadiría unas pocas palabras más a manera de conclusión. Recuerde esto, al igual que la salvación, la victoria tiene un día de inscripción. Uno es salvo un día determinado de un mes específico de un año en particular (aunque reconozco que algunos lo han olvidado o no están conscientes de ello). Uno también debe anotar el día del mes y del año que uno entra en victoria. Porque la victoria es una crisis, un umbral que hay que cruzar. Debe ser sí o no. No hay casi. Nadie puede ser *casi* salvo. Si una persona es salva, ¡es salva! De la misma manera, nadie puede *casi* vencer. Victoria es victoria, ¡y punto! Casi vencer es en realidad *fracasar*. Por consiguiente, todos nosotros debemos cruzar este umbral de la victoria.

4

Cómo ingresar
en esta vida victoriosa

*Con Cristo estoy juntamente crucificado, y ya no
vivo yo, mas vive Cristo en mi; y lo que ahora vivo en
la carne, lo vivo en la fe del Hijo de Dios.*

Gálatas 2:20

Habiendo visto la clase de vida ordenada por Dios así
como la vida que realmente vivimos, el camino de la victoria
según Dios así como el camino según los hombres, junto con
la autenticidad y la naturaleza de la vida triunfante, ahora
aprenderemos cómo entrar a esta vida victoriosa. Y una
pregunta muy importante surge aquí naturalmente: ¿cómo
podemos obtener a Cristo como la victoria?
El versículo que acabamos de citar arriba nos muestra
cómo entrar. Hablemos primero de las palabras "ya no vivo
yo, mas vive Cristo en mí"; porque esta es la vida a la que
debemos ingresar. En forma negativa podemos decir "ya no
vivo yo". En forma positiva decimos "Cristo vive en mí". En
la carta de Pablo a los gálatas, él testifica que ya había
llegado a este lugar, ya poseía esta experiencia y ya había
ingresado en ella. Observemos cómo él llegó, poseyó y entró.
Porque de la manera en que Pablo entró en este camino,
nosotros también entraremos. La manera en la que él ingresó
está revelada en la cláusula que precede y en la cláusula que
sigue a las palabras "ya no vivo yo, mas vive Cristo en mí".
La primera condición para entrar está en estas palabras:
"Con Cristo estoy juntamente crucificado"; la segunda condición se encuentra a continuación: "y lo que ahora vivo en la
carne, lo vivo en la fe del Hijo de Dios". Cumpliendo estas dos
condiciones en su vida Pablo obtuvo a Cristo como su victoria,
como su justificación, santificación y redención. Miremos
estas dos condiciones más de cerca.

A. ENTREGA: "CON CRISTO ESTOY JUNTAMENTE CRUCIFICADO"

La primera condición es: "Con Cristo estoy juntamente crucificado". Ahora, ¿qué quiere decir esto? ¿Por qué tengo que ser crucificado con Cristo antes de poder obtener esta vida victoriosa? Aquí yo haría esta pregunta: ¿Cuántas personas hoy viven entre nosotros como cristianos? Confesamos que tan pronto como creemos en el Señor Jesús, Él viene a vivir en nosotros. "¿O no os conocéis a vosotros mismos, que Jesucristo está en vosotros, a menos que estéis reprobados?" (2 Co 13:5). Como creyentes, sabemos que no somos reprobados; por lo tanto, que el Señor vive en nosotros es un hecho seguro. Sin embargo, es trágicamente cierto que aunque Cristo vive en nosotros, nosotros también vivimos en nosotros mismos. Para poder tener a Cristo como nuestra vida triunfante, nosotros tenemos que irnos y desprendernos de nosotros mismos. Al irnos, podemos obtener esta vida victoriosa.

Ayer una hermana me preguntó cómo podía poseer esta vida que triunfa. Mi respuesta para ella fue muy sencilla: "Sólo tiene que irse." Imagínense que hay dos familias viviendo bajo un mismo techo y surge un problema entre ellas. La situación sin duda alguna cambiaría si la familia que presenta las dificultades se muda a otro lugar. La cuestión hoy no es si tiene a Cristo en usted, ya que desde el momento que creyó, Cristo verdaderamente vino a vivir en usted. No, la cuestión es que usted tiene que mudarse. Tan pronto como usted, el pecador, se muda para no vivir con Aquel que es sin pecado, todo irá bien. Así que, la primera condición es que usted debe irse.

"Con Cristo estoy juntamente crucificado." Así declara la Palabra de Dios. ¿Pero qué decimos nosotros acerca de esta palabra? ¿No decimos que muchas veces tratamos de mudarnos sin éxito? Pretendemos morir, mas no morimos. Frecuentemente intentamos el suicidio, sin embargo, todavía vivimos. Muy a menudo parecemos muertos, pero no estamos muertos. Intentamos crucificarnos a nosotros mismos, pero no logramos morir. ¿Cuál, entonces, es el problema? Examinemos este asunto más profundamente.

(1) No puedo

Supongo que todos hemos visto la realidad de la cruz. Sabemos que cuando el Señor fue crucificado por nosotros, Él no sólo llevó nuestros pecados, sino que también nos llevó con Él a la cruz. Hemos conocido las enseñanzas de Romanos 6 durante muchos años. Nuestro viejo hombre fue crucificado con Él, exactamente como nuestros pecados fueron llevados por Él en la cruz. Así que tenemos el conocimiento de que fuimos crucificados con Cristo así como también que nuestro problema con el pecado fue resuelto. Esto es lo que hemos enfatizado a través de los años. No hay duda que yo fui crucificado con Cristo, ¿pero por qué no experimento el efecto de mi crucifixión con Él? El Señor me ha llevado a la cruz, sin embargo, continúo siendo el mismo. Todavía estoy atado, débil, derrotado y sin fuerza. Las Escrituras dicen: "Con Cristo estoy juntamente crucificado." ¿Por qué entonces estoy todavía impotente? Muchos cristianos están trabajando duramente por esto con la vana esperanza de tener victoria algún día. Sin embargo, la victoria está muy lejos de ellos.

Permítanme decir que conocer la salvación que el Señor Jesús ha alcanzado para nosotros es una cosa, pero aceptar esta salvación es totalmente otra, lo mismo que preparar el alimento es una cosa, pero comer el alimento es completamente otra. El apóstol Pablo nos muestra cómo aceptar la muerte del Señor. Romanos 6 nos revela que cada uno de nosotros ha muerto. Romanos 7, sin embargo, nos dice por qué yo como cristiano, habiendo muerto, todavía no estoy muerto. ¿Por qué habiendo muerto todavía vivo hoy? Romanos 6 es la verdad objetiva, mientras que Romanos 7 es la experiencia subjetiva. Muchos cristianos hoy día conocen Romanos 6 muy bien. Entienden que ya no están más en la esclavitud del pecado, han sido librados de la ley y deben considerarse muertos al pecado diariamente. Aunque lo entienden, nada parece funcionar.

La enseñanza y yo estamos completamente separados. La enseñanza es: "Con Cristo estoy juntamente crucificado", aun así, digo que todavía estoy vivo. La enseñanza dice que ya no estoy en la esclavitud del pecado; aun así, digo que el pecado todavía está conmigo. La enseñanza dice que he sido libertado de la esclavitud de la ley; aun así, digo que todavía estoy bajo la ley. ¿Cuál es en realidad la explicación? La encontraremos en Romanos 7.

Romanos 7 revela una imperfección escondida en nosotros y esta es que no aprobamos lo que Dios ha hecho y no aceptamos su veredicto. ¿Por qué Dios nos crucificó? Cuando Él nos crucificó con su Hijo estaba diciendo que nosotros éramos totalmente inútiles y sin esperanza; que estábamos más allá de cualquier arreglo o mejora; que a menos que seamos crucificados, realmente no servimos para nada y no hay esperanza. Por lo tanto, la cruz se presenta como una *evaluación* de nosotros. La evaluación de la cruz es que usted y yo merecemos la muerte. Esa es la evaluación que Dios ha hecho de usted y de mí. Si en realidad aceptamos la cruz como nuestra evaluación, entonces sabemos con certeza que somos totalmente unos inútiles y que no tenemos nada bueno. Estaremos de acuerdo con Dios en decir que somos dignos de muerte. Dios ha declarado ya que a menos que muramos, usted y yo no tenemos ninguna esperanza. Si en realidad reconocemos todo esto, ¿cómo es posible que todavía pensemos que podemos hacer buenas obras?

Hace un tiempo el gobierno chino proclamó una nueva ley en contra de fumar opio. Todos lo que fumen opio después de haber sido reformados serán ejecutados. Imagínese que el gobierno descubra a una persona que lo ha fumado después de haber sido reformado. ¿Qué piensa usted que hará esa persona? ¿Le pedirá a un médico que le ponga una inyección a ver si puede dejar de fumar antes de morir? Sería inútil que lo hiciera. ¿Por qué? Porque ya es un prisionero condenado. Él no pensará en lo más mínimo en hacer algo bueno o en reformarse. Él sencillamente esperará la muerte. De igual manera, Dios ha dicho que somos dignos de muerte; que estamos más allá de arreglo y reforma. Si, entonces, su veredicto es la muerte, ¿por qué debemos pensar en hacer alguna buena obra para tratar de mejorarnos a nosotros mismos?

A pesar de que admitimos que era inútil para nosotros ser reparados o mejorados *antes* de ser salvos, no obstante intentamos hacer exactamente eso *después* que somos salvos para poder agradar a Dios. ¡Cuántas veces tomamos la decisión de ser buenos! ¡Cuántas promesas espirituales le hacemos a Dios! Le hemos dicho que haremos cualquier cosa que Él quiera que hagamos. Le prometimos que nos levantaríamos temprano en la mañana. Le prometimos ser fervientes el próximo día. Muchas han sido nuestras promesas, sin embargo, ¿cuántas de ellas realmente hemos cumplido? Una hermana del mundo occidental me dijo que le había prometido a Dios hacer cambios con respecto a treinta diferentes asuntos en su vida, pero que no había cumplido ni siquiera uno. Esto sólo demuestra el hecho de que no hemos aceptado la evaluación de Dios en cuanto a nosotros, ni hemos reconocido su veredicto acerca de nosotros. Hemos sido destinados a morir, sin embargo, hemos estado ocupados pensando en conseguir un médico o en cambiarnos de ropa y ponernos algo mejor o cualquier otra cosa.

¡Démonos cuenta de que la cruz expresa la desesperanza de Dios acerca de los hombres! ¡Anuncia lo irremediable de los hombres! Es la manera en que Dios nos dice que no nos puede reparar ni mejorar, que sólo puede crucificarnos. Lo sorprendente es que, aunque hemos conocido esta realidad acerca de nuestra total currupción y, por lo tanto, nuestra crucifixión, continuamos reclamando que no somos tan malos. De acuerdo con eso, hacemos resoluciones hoy y haremos más resoluciones mañana: oh, Dios, no voy a perder los estribos de ahora en adelante; oh, Dios, quizá mi última resolución no fue lo suficientemente firme, pero esta vez será más firme. Así que tomamos resolución tras resolución. Eso mismo es lo que dice Pablo: "porque el querer el bien está en mí, pero no el hacerlo" (Ro 7:18b). Siempre resueltos, pero siempre fracasados. Como para Pablo, esta es también la experiencia de muchos de nosotros hoy. ¿No hemos tomado decisiones y prometido durante suficiente tiempo? Prestemos atención una vez por todas a lo que Dios ha dicho acerca de nosotros: Él dice que somos dignos de muerte porque somos inútiles e incurables.

"Con Cristo estoy juntamente crucificado" significa que Dios está decepcionado conmigo y también que yo, como Pablo, estoy sin esperanza con respecto a mi situación. Dios me conoce por dentro y por fuera. Él sabe que yo no sirvo para nada y que no tengo esperanza. Así que yo también me considero un inútil y confieso que nunca podría agradar a Dios. No hay otra cosa que Dios pueda hacer que condenarme a muerte. Todos los que están en la carne no tienen ninguna esperanza y por lo tanto son dignos de muerte. Hace poco visité a varias familias. En algunas, los esposos han estado enfermos; en otras, las esposas han estado enfermas; y en otras, los hijos han estado enfermos. Cuando estas familias comienzan a perder sus esperanzas me dicen: "Si es la voluntad de Dios, puede que este o el otro muera más pronto." ¿Por qué dicen esto? Porque no hay más esperanza. Cuando no hay esperanza, es mejor morir pronto. ¿No ha dicho Dios que para nosotros no hay esperanza y que por lo tanto Él no puede hacer otra cosa que crucificarnos? ¿No podemos también decirnos a nosotros mismos que puesto que no hay esperanza es mejor que seamos crucificados?

Aquí está nuestro problema: por un lado, estamos muy familiarizados con la evaluación de Romanos 6; por otro lado, tomamos las determinaciones de Romanos 7; todavía le estamos prometiendo a Dios, todavía consideramos que poseemos algo bueno. No importa cuán sencillo nos hable Romanos 6, de todas maneras lo que hacemos es Romanos 7. Romanos 6 es el veredicto de Dios acerca de Pablo de que no sirve para nada. Romanos 7 es la renuente admisión de Pablo de que en realidad no servía para nada. Dios nos conoce por completo. Y habiéndonos visto claramente, ya ha renunciado a toda esperanza acerca de nosotros. No nos considera dignos de nada y declara que somos totalmente inútiles. ¿Qué decimos nosotros en respuesta? Si nosotros también estuviéramos decepcionados y nos consideráramos unos inútiles, de inmediato seríamos liberados. La razón por la que Dios ha permitido que usted y yo continuemos siendo orgullosos y celosos e irascibles y deshonestos es para que esos pecados lleguen a frustrarnos tanto que finalmente Él pueda mostrarnos que estamos verdaderamente perdidos. Sin embargo, tomamos resoluciones tras resoluciones, esperando todo el tiempo que podremos mejorar, aunque siempre terminemos tan mal como antes. Esa es la experiencia de Pablo en Romanos 7. Puesto que Romanos 6 no es otra cosa que una enseñanza, requiere la experiencia de Romanos 7 para convencernos de nuestra total incapacidad y darnos cuenta de que es una realidad. Si alguien confiesa que es totalmente corrupto, le diré aleluya, amén, en respuesta. Yo, Watchman Nee, soy corrupto hasta el corazón. ¡Aleluya! Pablo en su día se vio sumido en desesperanza. Había sufrido muchos años. Era digno de ser crucificado. Hoy día si usted reconoce que no sirve para nada, entonces rápidamente será liberado. Es completamente cierto que todos los pecadores que traten de hacer el bien nunca serán salvos. De igual manera, todos los santos que se propongan hacer el bien nunca experimentarán victoria tampoco. Aceptemos de inmediato el hecho de que la cruz de Cristo no nos ha evaluado incorrectamente. Aceptemos alegremente el veredicto de la Biblia acerca de nosotros: yo era un inútil ayer, soy un inútil hoy y seré un inútil mañana; soy para siempre un inútil. ¿Por qué quiere Dios que aceptemos la evaluación de la cruz? Él sabe que aceptando su evaluación, estaremos dispuestos al fin a aceptar al Señor como nuestra santidad, perfección y victoria. Pero si albergamos un poco de esperanza en nuestro pecho, Dios tendrá que llevarnos a total desesperanza para capacitarnos a aceptar la cruz. Dios debe traernos a este lugar por medio de la experiencia de Romanos 7 para que nos demos cuenta, de una vez por todas, de nuestra incapacidad y la reconozcamos.

Sin embargo, es raro que aunque muchos han visto por fin su incapacidad, todavía no experimentan victoria. ¿Por qué es esto así? Es porque Dios tiene aun otro aspecto que quiere que veamos en este tema de entregarse.

(2) No lo haré

Ayer encontré a una hermana que se pasó dos horas contándome su historia de décadas de derrotas. Mientras ella hablaba, yo sonreía. Le pregunté que si había fracasado lo suficiente como para renunciar a toda esperanza. Es cierto, ella confesó su incapacidad, pero le faltaba una cosa. Tenemos que darnos cuenta que el mero reconocimiento de nuestra incapacidad no nos dará la victoria. Reconocer nuestra incapacidad es una cosa, renunciar a ella totalmente es otra. Le dije a esta hermana que era bueno que ella reconociera su incapacidad, pero ¿se daba cuenta de que todavía estaba tratando de ser capaz de vencer? Si sabía que no podía, por qué no dejaba de intentar vencer por sus propias obras. Admitió que no podía hacer nada, pero que todavía estaba esperando que podría hacer algo. Así que le reiteré lo siguiente varias veces: "¿No ve que todavía usted está obrando? ¿No entiende que todavía está intentando vencer?" Ella había luchado y se había esforzado, y aun así no pudo vencer. Una vez más exhorté a esta hermana a aceptar la cruz, reconocer su incapacidad y dejar de tratar y esperar la victoria. Me preguntó qué tenía que hacer entonces. Le contesté diciendo que si sentía que tenía que hacer algo, entonces invariablemente fracasaría. Pero su conclusión al asunto fue: "Sí, admito que cuando yo obro, fracaso; pero si no obro, ¿no fracasaré aun más?" En verdad, el problema de muchas personas reside en esto: sabiendo claramente que no tienen fuerza ni capacidad, todavía insisten en luchar duramente; y en consecuencia, no tienen victoria.

Así que la victoria en el área de la entrega tiene esos dos aspectos esenciales: primero, reconocer que la evaluación que Dios ha hecho de usted es correcta; y segundo, dejar hasta de pensar en la victoria, porque usted ha renunciado a toda esperanza. Un hermano me dijo: "Pero yo no puedo creer." "Entonces dígale a Dios que no puede creer", le contesté, "porque Él sólo quiere que usted confiese su incredulidad."

Decir con convicción que "con Cristo estoy juntamente crucificado" significa que de aquí en adelante no me preocupo acerca de la victoria o de la derrota porque pongo todas las cosas en las manos de Cristo. Significa desprenderme de este tema de vencer y dejar de preocuparme. Le diré a Dios que de aquí en adelante me entrego a Él y que la victoria es su problema, no el mío.

Podemos en verdad tener la actitud de corazón hacia Dios que confiesa: "No puedo evitar explotar de ira. No puedo dominar mi mal carácter para siempre ni me puedo entregar. Pero de ahora en adelante, cedo mi control, me libero de mi mismo completamente." Sin embargo, desafortunadamente, aunque venimos a Dios y decimos que no podemos y que no lo haremos,

sin embargo, en el momento en que nos alejamos de su presencia, trataremos de volver a estar en control de nosotros mismos.
Aprendamos que lo que traemos de nosotros mismos a Dios
cuando venimos a Él debemos dejarlo con Él cuando nos vamos.
El que sabe cómo echarlo todo sobre Dios y dejarlo allí será
liberado.

Una vez traje un manuscrito a una hermana para que lo
copiara. Hice un viaje especial con ese propósito. Pero al irme,
sin querer me llevé el manuscrito conmigo. Era obvio que ella
no podía copiar el manuscrito aunque quisiera. Esta es la
manera como a menudo oramos hoy día. Con nuestra boca
decimos: "¡Ay Dios, por favor, ayúdame!:" Pero después de la
oración, nos traemos a nosotros de vuelta a casa.

Es sumamente importante para nosotros entregarnos. Ore-
mos: "Ay Dios, no puedo vencer, ni quiero poder vencer, ni
trataré de vencer." Ese es el significado de la declaración
bíblica: "Con Cristo estoy juntamente crucificado". ¡Qué excelente es esa declaración!

Es probable que temprano en la mañana Satanás lo acuse
de que nada ha cambiado porque sigue siendo el mismo. ¿Comienza usted a preocuparse? ¿Intenta hacer algo acerca de eso?
Si sólo declarara: "Hace mucho tiempo que sé que estoy totalmente corrupto y he renunciado a toda esperanza; no trataré
de mejorarme a mí mismo", entonces de inmediato superaría
el desaliento. Qué maravilloso es esto, porque no es un asunto
de cambiar, sino de canjear. Simplemente agárrese de la realidad consumada por Dios. Si usted tuviera algo de bueno, Dios
no lo habría crucificado. Sin embargo, porque usted es completamente corrupto, Él le ha crucificado y puesto a Cristo en
usted. Así que usted tiene que liberarse de sí mismo. ¿Y cómo
pone esto en práctica? Simplemente tiene que decir: "Dios, no
puedo hacer el bien, ni trataré de hacer el bien. Ay Señor, de
ahora en adelante he terminado. Soy absolutamente incapaz,
y no trataré de ser capaz." ¿Se atreve usted a liberarse de esa
manera?

Un médico de casi setenta años de edad tenía una lucha con el tabaco. Un día en la reunión él mencionó acerca de su batalla para vencer su hábito de fumar. Un joven que conocía bien a Dios estaba allí.

—Si yo fuera usted, no batallaría —el joven le dijo al médico.

—¿Sabe usted que con toda mi batalla todavía no puedo vencer? —respondió el médico —. Y si dejo de batallar de una vez por todas, ¡cuánto más problema tendré!

—No es así —replicó el joven —. Si yo fuera usted, le diría a Dios, Ay Dios: Dios puedo dejar de fumar. Pero Dios, tú me liberas de fumar.

El médico vio la lógica del consejo. Así que oró de corazón, declarando: "Dios mío, no hay manera que deje de fumar. Ahora no voy a tratar más de dejar de fumar. Dios mío, te lo entrego a ti. No haré nada excepto pedirte que me quites el vicio de fumar." Él por lo general fumaba de doce a veinte cigarros por día y había fumado durante cincuenta años. Luego de este incidente en el cual se entregó al Señor, contó que cuando se levantó a la mañana siguiente, fue la primera vez después de muchos años en que no tuvo ningún deseo de fumar.

Si piensa que puede ser santo, usted indudablemente fracasará. Si piensa que puede ser perfecto, seguramente fracasará. Si piensa que puede ser paciente, tenga por cierto que fracasará. Esto es porque Dios ya ha considerado que usted no tiene ni arreglo ni reforma posibles. ¿Puede usted decir con Pablo: "Con Cristo estoy juntamente crucificado, soy totalmente corrupto, soy completamente un inútil y merezco ser crucificado?" Esto es lo que Pablo quiso decir con su declaración en Gálatas. Le pregunté a un hermano en Peking acerca de este asunto de vencer: "¿Ha dejado de intentar?" "Gracias y gloria a Dios, he parado de hacerlo" contestó el hermano. Esta es una condición esencial para la victoria. Usted tiene que ver delante de Dios que es absolutamente un inútil y que no puede ser ni reparado ni reformado. Todo lo que usted puede hacer es orar: "Señor, de ahora en adelante me entrego a ti; desde este momento en adelante tú harás todo por mí."

Aun con *esta* convicción, sin embargo, algunos hermanos y hermanas que han confesado que son incapaces y que han terminado y que han sido crucificados con Cristo, *todavía* se encuentran derrotados. ¿Por qué no experimentan la victoria todavía? Es porque necesitan *aún otra palabra* antes de experimentar la victoria. Y esta es la segunda condición para la victoria.

B. CREER: "Y LO QUE AHORA VIVO EN LA CARNE, LO VIVO EN LA FE DEL HIJO DE DIOS"

Recapitulemos lo que se ha dicho hasta ahora. Dios dice que estoy totalmente corrompido; yo también digo que estoy totalmente corrompido. Dios dice que soy un inútil; yo también digo que soy un inútil. Dios dice que no merezco nada excepto la muerte; yo también digo que merezco sólo la muerte: "Y ya no vivo yo, mas vive Cristo en mí." Esto es una realidad. De acuerdo con esta realidad, hoy día ya yo no vivo. Es Cristo el que vive en mí. ¿Por qué es que ya no vivo yo? Dos menos uno; substraiga a Adán de mi, y lo que queda, obviamente, es Cristo. Los dos viven juntos, pero uno ha sido quitado del medio, así que Cristo es el único que queda en nosotros. Esto es una realidad. ¿Pero cómo la manifiesto? De ninguna otra manera, salvo creyendo.

(1) Crea la realidad de Dios

El evangelio de Dios nos dice que Él ha dado a su Hijo por nosotros. Su Hijo se ha convertido en nuestra justicia, santidad y redención (veáse 1 Co 1:30). Realmente, no necesitamos aceptarlo como nuestra vida para que Él comparta su perfección, paciencia y benignidad con nosotros, porque Él ya es nuestra vida. Las Escrituras nos muestran que Cristo es nuestra cabeza (veánse Ef 1:22; 4:15; Col 1:18). Así como la cabeza del hombre siente, cuida y controla el cuerpo, así es Cristo con nosotros, los cristianos. No tenemos que pedirle que sea nuestra cabeza para que podamos ser su cuerpo. Hoy Él *es* la cabeza y nosotros *somos* miembros de su cuerpo. Esto es fe. En forma negativa, nos hemos entregado; sin embargo, hablando positivamente, ¿creemos ahora que Cristo es la cabeza que está sintiendo, cuidándonos y controlándonos? La Palabra de Dios declara que Cristo es la cabeza, ¿cree usted que Él lo está cuidando en este momento?

La Palabra de Dios también nos revela que Cristo es la vid y nosotros los pámpanos (veáse Juan 15:5). No es que Él va a ser nuestra vid y nosotros nos convertiremos en sus pámpanos. No es que en el futuro cercano, cuando nuestra vida espiritual esté más avanzada de lo que lo está ahora, nos convertiremos en sus pámpanos y Él vendrá a ser nuestra vid. Debemos ahora llevar fruto como Él. Debemos ahora estar llenos de virtudes como Él está lleno de virtudes. Porque Él nos ha dado su "savia", o sea, su vida y el poder de producir fruto. Él ya es la vid y nosotros ya somos los pámpanos. En este mismo momento nos está suministrando su vida, su perfección, su santidad y todas las virtudes. ¿Podemos creer esto? ¿Creemos que Él ahora es nuestra vid y nosotros somos sus pámpanos?

En el momento en que creyó en Él como Salvador, usted ya fue perfectamente unido a Él. ¿Cree esto? No tiene que imaginarse cómo puede ser unido a Él puesto que Dios ya hizo de usted y de Él un solo árbol. ¿Puede ahora creer que Él será para usted lo que el tronco físico de un árbol es para sus ramas? No es que usted lleva fruto *para Él,* sino más bien que Él lleva fruto *a través de usted.*

Dios también ha indicado en su Palabra que la unión del Señor Jesús con nosotros es similar a lo que el alimento es para nosotros: Cristo es la sangre que tomamos y la carne que comemos (veáse Juan 6:51-58). Él es el que sostiene nuestra vida. Y así como el alimento físico suple nuestras necesidades, y sin él moriríamos, de igual manera el Señor Jesús es nuestro alimento espiritual.

Dios en su Palabra nos asegura que estamos unidos con Cristo, Él es nuestra cabeza, nuestro tronco y nuestro alimento. No tenemos que pedirle a Dios que nos dé poder para que podamos vivir como Cristo vivió porque Él nos ha dado a su Hijo para que sea nuestro poder en la vida, para cuidarnos y vivir para nosotros. Nos ha dado a su Hijo para que la perfección, comunión, gozo y riquezas de su Hijo puedan vivir a través de nosotros. Más bien, en nuestra ignorancia, siempre pensábamos en cómo establecer nuestra propia santidad, en lugar de someternos a la santidad de Dios. Ahora hemos dejado de lado nuestras propias obras, pero no es suficiente todavía. La Palabra de Dios dice que puesto que Él nos da a su Hijo como nuestra vida, debemos creer en Él como nuestra vida. Así Él manifestará todo lo que Él es a través de nosotros. Cualquiera que sea nuestra necesidad, Él la suplirá. Creamos que Él ya lo ha hecho. La genialidad de la victoria radica en el hecho de que no hay necesidad de vencer gradualmente. Por fe sabemos que Cristo es nuestra victoria. Porque la victoria *es* Cristo y la fe revela todo lo que Cristo es en nosotros. La gracia de Dios ya nos ha dado al Señor Jesús; hoy por fe aceptamos todo lo que Dios nos ha dado para que la vida, el poder, la libertad y la santidad de Cristo pueda ser manifestada en nuestro cuerpo.

Este misterio de unión es la obra de Dios por la cual las inescrutables riquezas de Cristo pasan a ser nuestras. ¿Creemos esto? Todo lo que es de Cristo es nuestro. ¿Creemos que Dios nos ha dado su santidad, perfección, vida, poder y riquezas? Dios nos ha unido con Cristo haciendo que Él sea nuestra cabeza, nuestro tronco y nuestro alimento. ¿Creemos que Cristo es ahora nuestra justificación, santificación y redención? ¿Creemos que en la actualidad Él está viviendo su vida en nosotros? Dios nos ha invitado en realidad, no, Él nos *ordenado* creer. Nuestra unión con Cristo está ejemplificada en la unión de Cristo con Dios; por lo tanto, su paciencia, benignidad, pureza y bondad son nuestras. Así como en la salvación inicial creímos que Él era nuestra justicia, de igual manera creamos hoy que Él es nuestra santidad. Sin embargo, cuántos fracasan en este aspecto. Conocen el método de Dios para la victoria, pero no tienen fe. Conocen su incapacidad, pero no conocen la capacidad de Cristo. Ven la total corrupción de su carne, pero no ven las riquezas de Cristo como el regalo de Dios para ellos.

¿Cómo recibimos este regalo? Sin hacer nada; simplemente aceptándolo. Al creer en la Palabra de Dios, recibimos su regalo. Este es el evangelio. Recibimos por fe y el Espíritu Santo toma nuestra fe para que sea el punto de partida del milagro que Dios obra en nosotros. Las personas que no han experimentado el gran poder de Dios tal vez no tomen esto seriamente.

Pero para los que lo han experimentado es una realidad preciosa. Cuando creemos que todo lo que está en el Señor es nuestro, el Espíritu Santo hará que sea verdaderamente nuestro. ¡Qué gran evangelio es este! ¡Todo lo que le pertenece a Cristo viene a ser nuestro por medio de la fe! Por la fe esta vida perfecta de Cristo se mostrará a diario en nuestro cuerpo de muerte. Con fe, no es sólo "ya no vivo yo", sino también "Cristo vive en mí". De verdad, más allá de toda duda, Cristo vive en nosotros. Y todo esto es por causa de la fe.

(2) Crea que ha recibido, y lo tendrá

Dios no nos puede hacer creer lo que nosotros no creemos. Algunas personas, cuando se les pide que se suelten, se sueltan. Pero otras, tal vez digan que creen, pero esperan para ver. Es muy importante entregarse, aunque lo más esencial es creer que el Señor Jesús está viviendo ahora su victoria en nosotros. Debe entregarse, y también creer. Al creer lo que Dios dice acerca de la muerte de Cristo en la cruz por nosotros recibimos vida eterna. De igual manera, al creer que el Señor Jesús vive en nosotros recibimos la vida que triunfa.

Yo sé que el fracaso de muchos se encuentra aquí: no pueden creer que el Señor ya ha hecho su morada en ellos y por eso no creen que el Señor vence por ellos. Una vez le pregunté a una hermana si ella se había librado de sí misma. Me dijo que sí. "¿Cómo se liberó?" "Le dije a Dios que yo no servía para nada así que dejaría de esforzarme", contestó. Entonces me contó cuál fue su oración a Dios: "De aquí en adelante, Dios mío, me entrego toda a ti, ya sea en victoria o en derrota." "¿Tiene usted victoria?" le pregunté. "No me atrevo a decir que sí", me contestó. "¿Por qué no?" "Porque no siento que haya vencido, ni he visto ningún efecto de ello." Entonces le dije: "Si usted cree lo que Dios ha dicho y cree que el Señor Jesús que vive en usted es victoria, debe creer de inmediato que usted tiene la victoria. Pero si usted busca resultados, nunca la tendrá."

Recibir la gracia de la victoria es lo mismo que haber recibido en la conversión la gracia del perdón. ¿No le dice usted a un pecador que porque Jesús murió en la cruz por él, sus pecados serán perdonados tan pronto como crea? Y si él cree, sus pecados son remitidos. Así que usted le pregunta si cree y él dice que sí. Entonces usted le pregunta si sus pecados son perdonados. Él dice que no. ¿Por qué? Porque ha oído a las personas decir que si los pecados son perdonados habrá gozo y paz; pero él todavía no tiene este gozo y paz. Él continúa diciendo que está determinado a orar hasta obtener el gozo y la paz y sólo entonces se atreverá a decir que sus pecados son perdonados. Ahora, si usted oye esta respuesta, ¿no le dirá que aun si él ora durante un año entero esperando por el gozo y la paz, él no tendrá esos sentimientos? ¿Cuándo tendrá él gozo y paz? Indudablemente usted le dirá que sólo cuando él crea tendrá gozo y paz. Lo mismo es cierto con respecto a la victoria después del perdón. Cuando usted cumple con la condición para la victoria rindiéndose y desprendiéndose de sí mismo, debe al mismo tiempo creer que ahora tiene la vida que triunfa. Porque el Hijo de Dios está esperando vivir su victoria en usted. *Crea* y tendrá de inmediato el resultado esperado. *Espere* el resultado y nunca obtendrá la victoria.

Si usted está esperando el resultado antes de atreverse a decir que tiene la vida triunfante, entonces en lo que usted cree realmente es en su propia experiencia más que en la Palabra de Dios. Pero no bien crea en la Palabra de Dios, la experiencia, los sentimientos y la victoria vendrán en seguida. Pablo no dijo: "Yo siento que he vencido." Lo que declaró fue que "lo que ahora vivo en la carne, lo vivo en la fe del Hijo de Dios." A pesar de sentirse frío e impasible, usted todavía puede dar gracias y alabar a Dios que "lo que ahora vivo en la carne, lo vivo en la fe del Hijo de Dios".

No me miren a mí si lo que quieren es una persona llena de energía, porque la verdad es que yo me siento cansado todos los días. Todas las mañanas me levanto frío, sin entusiasmo. Satanás ha venido a mí muchas veces con sus acusaciones: "No te sientes feliz y estás tan frío emocionalmente todos los días; ¿está acaso ese Cristo viviendo en ti? En esos últimos días has estado frío y no sientes nada. ¿Es esta la victoria de Cristo?" Cuando esto sucede, Dios me da la repuesta en seguida: "Si *siento*, entonces yo estoy viviendo; pero si *creo*, entonces es el *Hijo de Dios* el que está viviendo. Siento con mi carne, pero creo en el Hijo de Dios. Siento con los sentidos físicos, pero creo en la Palabra de Dios." Dios dice que si uno cumple con sus condiciones de entregarse y creer, entonces Cristo vivirá su victoria en nosotros. Así que debemos orar: "Dios mío, te alabo y te doy gracias porque lo que yo siento no significa nada, porque en todo esto la mentira más grande de Satanás es el sentimiento; es un aliado del mismo enemigo. Dios, te doy gracias que le puedo creer a tu Palabra en vez de a mis sentimientos. Porque sólo tu Palabra es verdadera, mientras que mis sentimientos no son dignos de confianza." Cuando usted enfrente la tentación en la forma de sentimientos, declare con valentía que usted vive por la fe en el Hijo de Dios.

Cuando usted se libere y crea, verá al Hijo de Dios luchando por usted. Él ganará la victoria para usted. Él quitará su mal genio, su dureza, su orgullo, sus celos. Gloria al Señor que desde la antigüedad hasta el presente ¡hay un solo vencedor en todo el universo! ¡Gloria a Él que todas las personas en el mundo son débiles! ¡Todos nosotros estamos derrotados, somos unos inútiles! ¡Sólo el Señor es victorioso! ¡No podemos dejar de gloriarnos en Cristo Jesús! Porque en realidad, ¿qué *tenemos* que no hayamos recibido? ¿De qué podemos gloriarnos? ¡Gloria al Señor, no hemos cambiado, sólo hemos sido canjeados!

Cumplamos con estas condiciones básicas: por un lado, rendirse, reconocer que usted no puede y que no lo logrará; por otro lado, creer en el Hijo de Dios y vivir. Crea en el hecho de que Cristo vive en usted y crea que usted lo ha recibido. Esta es la victoria. ¡Aleluya, todo es hecho por Él! Pidámosle a Dios que nos muestre que todo es hecho por su Hijo sin nuestra ayuda. Esto, y sólo esto, se puede llamar victoria.

5

Cómo entregarse

Él [Jesús] les dijo: Lo que es imposible para los hombres, es posible para Dios.

Lucas 18:27

Y me ha dicho: Bástate mi gracia; porque mi poder se perfecciona en la debilidad. Por tanto, de buena gana me gloriaré más bien en mis debilidades, para que repose sobre mí el poder de Cristo.

2 Corintios 12:9

"AÚN TE FALTA UNA COSA"

En Lucas 18:27 leemos que el Señor Jesús dijo: "Lo que es imposible para los hombres, es posible para Dios". Todos conocemos el contexto en el que el Señor dijo estas palabras. Un joven había venido a Él y le había preguntado: "¿Qué haré para heredar la vida eterna?" (v. 18). Puesto que él preguntó qué debía hacer, el Señor respondió: "Los mandamientos sabes: No adulterarás; no matarás; no hurtarás; no dirás falso testimonio; honra a tu padre y a tu madre" (v. 20). El Señor mencionó esos cinco mandamientos para mostrar que había cosas que se debían hacer y cosas que no se podían hacer si el propósito era heredar la vida eterna por medio de obras. El joven consideraba que había guardado todos esos mandamientos desde su juventud. Pero el Señor le recordó: "Aún te falta una cosa" (v. 22a).

Hay un principio que podemos aprender de este pasaje. Cuando el joven le preguntó al Señor qué debía hacer para heredar la vida eterna, nuestro Señor le enumeró sólo cinco de los mandamientos. ¿Por qué no los dijo todos? ¿Por qué, después de haber mencionado sólo cinco de ellos, el Señor añadió: "Aún te falta una cosa"? La única razón fue para que el joven se diera cuenta de su incapacidad. La vida eterna es un regalo; es la gracia de Dios; no puede ser ganada por las obras del hombre.

Pero el joven no entendió; hasta se jactó de que había observado todos esos cinco mandamientos desde su juventud. El Señor sabía, sin embargo, que había una cosa que este joven *no* podía hacer; así que añadió: "Aún te falta una cosa". Y sabemos el final de la historia: el joven no pudo heredar la vida eterna por medio de sus obras.

Ahora, el tema de la victoria corre a la par de este mismo principio. Algunos de ustedes pueden reclamar que no son tan orgullosos, celosos o duros como otras personas. En realidad, tal vez usted sea mejor que otros en muchos aspectos de la vida. Sin embargo, Dios sabe que hay algo en su vida que no puede vencer. Él deja este algo en usted para que pueda darse cuenta de que este algo es imposible para el hombre. Uno deduce que puede hacer *todas* las cosas porque no ha cometido adulterio, asesinato, ni robo ni ha dicho falso testimonio y ha honrado a sus padres. Si alguien le preguntara si ha sido vencedor, probablemente respondería que ha vencido en esto y en lo otro. Y entonces consideraría que todo marcha bien. Sin embargo, el asunto hoy no es cuántas cosas *ha* vencido, sino ¿hay algo en particular que no puede vencer? Dios permite que este algo permanezca en su vida para convencerle de su incapacidad.

Hemos visto ya que el veredicto de Dios para nosotros es que merecemos ser crucificados. Porque Él nos conoce enteramente. Él sabe que no podemos vencer el pecado, ni siquiera podemos hacer el bien. Él nos ha visto claramente, pero nosotros nos vemos a nosotros mismos oscuramente. Así que cuando Dios declara que somos indignos e inútiles, nosotros todavía nos consideramos un poco buenos y útiles. A pesar de nuestro reclamo de que somos buenos, sin embargo, Dios nos dice a cada uno de nosotros: "Aún te falta una cosa." Algunas personas están perturbadas por su temperamento explosivo; otras, por su dureza. Tal vez no sea orgulloso ni celoso, pero su dureza siempre le persigue: "Aún te falta una cosa". Tal vez haya un aspecto que no ha vencido, un pecado que no ha tenido el poder para conquistar. Tal vez alguien no sea ni orgulloso ni celoso, ni duro ni explosivo, pero su boca trabaja incesantemente. No puede vivir sin hablar. Puede reclamar que no ha cometido este pecado ni el otro, pero el Señor le dirá: "Aún te falta una cosa."

O algún otro es mezquino con el dinero. Durante su vida no ha cometido ningún pecado grosero; sin embargo, comete el pecado de la codicia. El amor al dinero es el ingrediente básico de su conducta. Por esto Dios le dice: "Aún te falta una cosa." Y esa cosa prueba su incapacidad. Las personas anhelan tener una vida perfecta manifestada en ellos, pero tienen una cosa que testifica en contra de ellos. Así que la primera condición es confesar esa cosa. Para algunos es el orgullo; para otros son los celos; para algunos es la charlatanería; para otros son los pensamientos impuros. Y para muchos es *más* de una cosa.

¿Qué estaba el Señor tratando de decir? La salvación es imposible para los hombres; la vida eterna es imposible para los hombres; la victoria es imposible para los hombres; la vida abundante es imposible para los hombres. Aun así el joven no quiso creer que era un incapaz. Qué atrevidas, fuertes y confiadas fueron las frases que salieron de sus labios: "desde mi juventud", "todas estas cosas", "las he guardado". ¡Qué respuesta con un sonido tan majestuoso! ¡Cuánto regocijo debe haber sentido! Pensaba que tenía todo en su vida bajo control. Pero el Señor le respondió con: "Aún te falta una cosa." Usted puede argumentar que no tiene los pecados de orgullo, celos, dureza, pensamientos impuros o charlatanería que he mencionado. Pero permítame hacer eco a nuestro Señor Jesús: "Aún le falta una cosa." Vaya a casa y medite cuál es esa cosa que le falta.

DIOS QUIERE QUE LOS HOMBRES VEAN SU INCAPACIDAD

Permítame que le hable con toda franqueza y le diga que el veredicto de Dios es que usted es un incapaz. Él llega a la conclusión de que usted es un incapaz porque lo conoce a fondo. Él ya lo ha dicho. ¿Y usted qué dirá? ¿Sabe usted por qué Dios le permite hasta el día de hoy fracasar una y otra vez a pesar de ser salvo?

Muchos hermanos y hermanas lloran por un pecado en particular que no pueden vencer. Y quizás usted también lo hace. ¡Pero yo le doy gracias y alabo a Dios por esa incapacidad suya! Por favor, no piense que al decir esto no siento dolor por su tristeza acerca de ese pecado que al parecer lo enreda en forma despiadada. Dios quiere que usted se dé cuenta que no puede. Él no tiene que mostrarle muchos de sus pecados; simplemente permite que uno de ellos permanezca en su vida para que usted reconozca su incapacidad. ¿Se ha dado usted cuenta de su incapacidad? Una hermana podía vencer todos los pecados excepto el mentir. Cuando hablaba, mentía. Ella sabía que este era el pecado que no podía vencer. Otra hermana perdía los estribos fácilmente. No podía controlarse. La menor provocación encendía su mal genio. Cuando explotaba, entonces confesaba. Era muy vergonzoso para ella. Sin embargo, no podía vencerlo. Un hermano podía vencer muchos pecados excepto el de fumar. Era un buen hermano, pero no había dejado este mal hábito. Otra hermana tenía victoria sobre varios otros pecados, excepto el de comer continuamente.

¿Por qué tantos cristianos tienen tantas experiencias diferentes de esta clase? Es el método de Dios para que se convenzan y admitan su incapacidad. Él ha visto su completa incapacidad, pero usted continúa afirmando que usted es capaz. Dios dice que usted no tiene remedio, pero usted dice que tiene esperanza. ¿Entiende usted que sus muchos tristes fracasos y sus muchas derrotas vergonzosas son la manera en que Dios le demuestra su incapacidad? ¿Ha fracasado usted lo suficiente? ¿Lo ha convencido Dios de que usted nunca podrá prevalecer? Él le permite fracasar una, dos, diez veces, hasta veinte o cien. ¿Ha tenido suficientes pruebas de su incapacidad? Él quiere que usted vea su incapacidad para que finalmente pueda confesar: "Dios, no soy capaz." Para que una persona sea salva tiene que confesar primero que no puede salvarse a sí misma. De igual manera, para que uno pueda vencer tiene primero que reconocer su incapacidad. Y tan pronto como uno llega a *este* punto, Dios inmediatamente comenzará a obrar. Desafortunadamente, el joven que vino al Señor Jesús se fue triste. ¡Qué lamentable que aunque conocía su incapacidad, se fue en desesperanza!

Dios le dio la ley al hombre durante dos mil años. ¿Cuál fue el propósito de Dios al dar los Diez Mandamientos a los hijos de Israel? Él se los dio no para que los *guardaran*, sino para que los *quebrantaran*. ¿Cómo es esto? Porque Dios sabía que los hombres no podían guardar esos mandamientos; Él sabía que todos eran pecadores. Pero los hombres no aceptan el veredicto de Dios hasta que han fracasado delante de sus propios ojos; sólo entonces confiesan que son pecadores. La carta a los romanos nos dice que Dios dio la ley no para que los hombres la guardaran sino para que la violaran. Después que fracasaron en guardar la ley, tuvieron que aceptar el veredicto de Dios y capitular. Dios tardó dos mil años de historia humana en lograr que los hombres reconocieran su incapacidad. Recién después pudo enviar a Cristo a los hombres para que lo aceptaran y fueran salvos.

Durante los últimos dos mil años muchos pecadores fueron salvos. Nosotros, los que invocamos el nombre de Cristo, somos pecadores salvos; debiéramos por lo tanto rendirnos completamente. No obstante, tratamos de reformar nuestro mal genio, orgullo o cualquier otra cosa. Tal vez hagamos algún progreso; sin embargo, estas cosas son meramente reprimidas. Antes nuestro mal genio se mostraba externamente; pero ahora lo reprimimos adentro. Previamente, nuestro orgullo era visto por fuera; ahora lo presionamos hacia adentro. Pero aunque sean esos reprimidos, no han sido vencidos. Así que Dios nos convencerá finalmente de nuestra incapacidad. Él declara que nadie puede vencer el pecado; nadie puede negociar con él.

Ahora cuando usted se da cuenta de que es impotente viene a Dios y le pide que lo libere. El primer paso que hay que dar es decirle: "Dios, no puedo ni podré. Me doy por vencido, renuncio a seguir tratando, no lucharé más." Esto es entregarse. Esto señala el primer paso hacia la liberación. Antes pensaba que podía cambiar un poco mi orgullo; ahora, Señor, no trataré otra vez de hacerlo. Más bien, yo razonaba que podía mejorar mi temperamento un poquito; ahora, Señor, renuncio completamente. antes me imaginaba que podía de alguna manera controlar mi lengua; ahora, Señor, me doy por vencido. No puedo, no trataré de cambiar, renuncio completamente.

RENDIRSE ES SOLTARSE

Cuando usted entiende que el Señor fue crucificado por usted, ¿qué le sucede? ¿No deja de intentar mejorarse a sí mismo puesto que ahora ve que es salvo por fe? De una manera similar, cuando usted ve que el Señor lo llevó a la cruz con Él, no necesita batallar por mejorar o reformarse. En cambio, crea que el Señor vive en usted y vence por usted. Debe de abandonar de inmediato sus propias obras y permitir que Dios lo libere. Dígale a Él: "Dios, nunca puedo ser bueno. De aquí en adelante, no trataré de hacer el bien. Me doy por vencido; me entrego a ti. De ahora en adelante, no es más mi problema." Esto es entregarse; esto es soltarse. Algunas personas encuentran muy difícil el soltarse. Cada vez que viene la tentación hay siempre una batalla. Cada vez que el mal genio se levanta, hay por lo general una pelea. Si la resolución falla en la primera ocasión, se tomará una resolución más firme la próxima vez. Cuanto más resoluciones, tanto más derrotas. Cuanto más promesas, tanto más fracasos. No importa cuán firme sea la próxima resolución, la situación es como la describe Romanos 7: "Porque el querer el bien está en mí, pero no el hacerlo. Porque no hago el bien que quiero, sino el mal que no quiero, eso hago" (vv. 18b-19). Ninguna promesa tiene valor porque sus manos no se han soltado. Usted mismo está todavía encargándose de sus asuntos; por lo tanto, no puede decir con convicción: "Con Cristo estoy juntamente crucificado"; ni tampoco puede decir: "ya no vivo yo, mas vive Cristo en mí". Muerte significa soltarse, quitar las manos, no preocuparse más ni controlar más. Sólo cuando se vuelve imposible para usted es que comienza a ser posible para Dios. Así que el primer paso importante para usted es quitar sus manos.

Cierto hermano en Tientsin me preguntó cómo debía entregarse porque había tratado y no había podido.

—Hermano —le pregunté —, ¿cuál es su posición en la compañía?

—Soy jefe del departamento de ropa —me contestó.

—Suponga que su administrador general le dijera hoy que la compañía lo va a despedir el próximo mes. ¿Qué haría usted? —le pregunté.

—Bueno, para el próximo mes tendría que renunciar —dijo.

— Suponga que al mes siguiente llega el nuevo jefe y usted le entrega todas las cosas del departamento — le dije —. Pero después que ha hecho el traspaso, de repente un agente viene y le informa que cierta ropa va a aumentar de precio dentro de dos días. ¿Qué haría usted entonces?

— Si ese informe hubiera llegado antes, yo hubiera comenzado a calcular qué cantidad de esa ropa teníamos en existencia y cuánto tendríamos que comprar para aumentar el inventario. Pero en este momento, ya he entregado los asuntos del departamento al nuevo jefe. Así que me alegro que no tengo que hacer nada excepto mirar — respondió él.

Este es un ejemplo excelente de lo que es "quitar las manos". Esto es entregarse a la realidad de que: "Con Cristo estoy juntamente crucificado". Dígale al Señor: "Señor, renuncio, no porque soy capaz sino porque soy impotente. Mal genio, orgullo, dureza y celos permanecen en mí, pero no hay nada que pueda hacer. Sólo puedo entregarme a ti. De aquí en adelante todo está en tus manos." No se deje incitar por los agentes opositores de Dios. Hay legiones de agentes del enemigo; diariamente lo tentarán a que haga algo. Pero usted se ha encomendado a las manos del Señor. Todo irá bien mientras a usted ni le importe ni obre. Esto se llama victoria. Esto es entregarse.

SATANÁS LO TIENTA A QUE SE AGITE

¿Sabe usted cuál es la tentación básica? Un hermano dice que a menudo tiene la tentación de perder los estribos. Otro hermano dice que con frecuencia se ve tentado a ser duro con los demás. Otro hermano dice que generalmente se ve tentado por pensamientos impuros. Y otro hermano dice que tiene la tentación de hablar todo el tiempo. Mil personas parecen tener mil tentaciones diferentes. Sin embargo, hay sólo una tentación en todo el mundo. A pesar de todas las diversas tentaciones como el mal genio, orgullo, codicia, adulterio y demás, el enemigo tiene sólo una tentación y es la de agitar a los santos. Satanás no lo tienta a que pierda los estribos, se vuelva orgulloso, codicioso o adúltero. Él sencillamente lo tienta a que se agite. Si sólo logra incitarlo a usted a *hacer* algo, ha triunfado. Si yo tuviera suficientes lágrimas para clamar: "¡No se disturbe!" Porque una vez que usted ha sido incitado a hacer algo, ya fracasó. Ya sea que usted luche con Satanás, pelee con él o lo resista, cuando él logra agitarlo ya obtiene la victoria. Tenga presente que nuestra victoria consiste en ser espectadores; nuestra victoria se logra cuando no nos preocupamos. ¡Qué maravilloso si pudiéramos ver con nuestros propios ojos como Dios nos pone a un lado y deja que su Hijo venza por nosotros!

"Porque el deseo de la carne es contra el Espíritu, y el del Espíritu es contra la carne; y éstos se oponen entre sí, para que no hagáis lo que quisiereis" (Gá 5:17). Aquí no dice que *nosotros* luchamos contra la carne, ni que la carne lucha en contra de *nosotros*. Dice en cambio que el Espíritu hace oposición a la carne y la carne hace oposición al Espíritu. *Nosotros* no estamos involucrados; sólo el Espíritu y la carne se oponen el uno al otro. ¿Qué nos gusta hacer? Nos gusta pecar, nos gusta la impureza. Sin embargo, debemos ser los observadores impotentes, puesto que el Espíritu y la carne son los que luchan uno contra el otro. No se nos da lugar a nosotros a participar. Y sin embargo, esa es la liberación de Dios. Nos sentamos en las líneas de banda para observar la lucha del Espíritu Santo contra la carne y viceversa. Este es el camino a la liberación.

Cuando fui salvo escuché una historia acerca de una niñita que en su testimonio reveló hasta qué punto entendía verdaderamente este asunto de la victoria. Durante la Convención de Keswick alguien le preguntó a la niñita: "¿Cómo es que tú vences cuando eres tentada?" "Antes, cada vez que el diablo tocaba a mi puerta —informó—, de inmediato yo decía: '¡No entres, no entres!' Pero esto siempre terminaba en derrota. Ahora, sin embargo, cada vez que el diablo toca a la puerta, en seguida le digo al Señor: 'Señor, tú abres la puerta.' El Señor lo hace. Y tan pronto como el diablo ve al Señor, dice: 'Disculpe, toqué la puerta equivocada.' Y con esto se da vuelta y huye."

Si en el transcurso de ser tentados, clamamos: "Señor, aquí viene la tentación; oh Señor, sálvame, sálvame", el diablo entrará aun antes que la puerta se abra. Hoy, deje que sea el Señor el que trate con el diablo. Cuanto más larga, más ansiosa y más repetitiva sea la oración, tanto más firme se aferrará con sus manos. Un hermano nos recordó que cuando Pedro se estaba hundiendo clamó sencillamente: "Señor, sálvame". Ore una simple oración y esto indicará que usted está quitando sus manos del medio. Si usted continúa clamando, y dice: "Señor, sálvame", repitiéndolo muchas veces, ya está derrotado. Cuanto más repite esa oración, tanto más demuestra que no se ha soltado, sino que está aferrado a la situación. Usted trata de usar la oración para lograr la victoria; todavía está pensando en usar su propia fuerza para ganar el triunfo. Como consecuencia, no tendrá victoria. Deje de llorar y obtendrá la victoria. Recuerde que Satanás quiere provocarlo, *aunque sea provocarlo a orar.*

En el pasado, usted se enojaba cuando escuchaba palabras hirientes. ¿Qué haría hoy si alguien lo molestara incesantemente? Si usted le dijera al Señor: "Señor, este asunto no es mío; la victoria es asunto tuyo; confieso que no puedo controlar mi mal genio; pero, Señor, tú eres responsable de hacerlo", esto se llamaría soltarse, desprenderse de la responsabilidad. Y el Señor podría así vivir su paciencia a través de usted. Usted podría alabar y dar gracias a Dios y decir: "Señor, ya no me preocupo más". Pero supóngase que siente que no puede soportar más la provocación y ora: "Señor, sálvame, porque estoy perdiendo rápidamente mi control." Quince minutos serían como quince horas. Ahora aunque usted no explote externamente, no obstante estaría echando chispas por dentro. Y esto demostraría que no ha vencido. A Satanás no le interesa que usted explote; él simplemente desea que usted se agite. Y así, él triunfará.

La victoria es cuando usted no se siente impulsado a obrar. Victoria significa que usted no presta atención; significa que a usted no le importa. Usted está calmo, indiferente y despreocupado. La victoria no depende de usted, puesto que usted ya ha muerto. En cambio, es Cristo el que gana la victoria para usted. Usted ha muerto y Cristo vive. Esto se llama victoria.

En la conferencia en Cheefoo, muchos hermanos y hermanas cruzaron el umbral de la victoria. Una hermana tenía un pasado trágico. Su esposo y su suegra la habían tratado mal. Ella soportaba pacientemente, pero no tenía victoria. Cuando yo le hablé acerca de la vida triunfante, ella aceptó la verdad. Pero dos días después vino a verme para saber cómo soltarse y cómo permitir que Dios fuera el que actuara. Ella no entendía cómo. Así que le pedí al Señor que me diera una ilustración adecuada.

— ¿Ha ido a visitar a una amiga alguna vez en taxi? — le pregunté.

— Sí, lo he hecho — respondió.

— Vamos a suponer que cuando el auto llega a la puerta de su amiga y justo en el momento en que usted está sacando el dinero de su bolsillo para pagar, su amiga se apresura a salir de su casa para pagar por usted. Quiere pagar, pero su amiga quiere pagar por usted. Usted le devuelve el dinero, pero inmediatamente ella se lo da otra vez. ¿Le ha ocurrido algo así alguna vez? — le pregunté.

— Sí, por supuesto — respondió.

— Ahora, supongamos que ella paga los veinte centavos por su viaje, el chofer los toma y se marcha y usted visita a su amiga — continué —. Pero como usted no deseaba que ella gastara ese dinero, al irse le pone de repente los veinte centavos en la mano. Ella, sin embargo, cuando se acerca para despedirse, le coloca el dinero de vuelta en su mano. Entonces, ustedes dos se pasan el dinero una a la otra hasta que finalmente usted deja el dinero en la calle y le dice a su amiga que se va. Aun así, usted se pregunta si su amiga recogerá el dinero. ¿Qué pasa si ella no lo hace y un transeúnte lo toma? ¿Qué si un chofer lo recoge? ¿O un pequeño niño lo ve y lo toma? Por lo tanto, usted furtivamente mira hacia atrás para ver si su amiga lo ha recogido. Para disgusto suyo, no lo ha recogido. Mientras camina, lanza otra mirada hacia atrás. Permítame decirle que si usted continúa periódicamente mirando hacia atrás, estoy seguro de que su amiga nunca recogerá el dinero. Pero si usted deja el dinero en la calle y le dice a su amiga que el dinero está allí para que lo recoja y después se va sin importarle en lo más mínimo quién lo recogerá, sin duda su amiga lo tomará.

Cuando terminé de decirle esto, ella entendió; y en consecuencia, entró en la vida victoriosa.

El ejemplo anterior es desfortunadamente la manera en que muchos se entregan a Dios. Por un lado, dicen que no pueden; por otro, se preocupan y miran. Si usted se preocupa, Dios dejará que usted se responsabilice y Él no se hará cargo. Pero si usted no se preocupa, Dios cuidará de usted y tomará toda la responsabilidad sobre Él. Entregarse y soltarse es como poner el dinero en la calle e irse sin mirar atrás: a usted le importa poco si un niño, un chofer de taxi o un transeúnte lo recogen. Usted simplemente le dice a Dios que le ha entregado su vida a Él, así que en lo sucesivo, ya sea que esté bien o mal, no es más su problema. Si usted se rinde a Dios así, Él ciertamente se hará cargo. Todo irá bien si usted simplemente lo entrega todo a Él.

Si usted suelta, Dios se hará cargo. Pero si usted espera que Él se haga cargo antes de que usted suelte, Dios esperará a que usted suelte antes de hacerse cargo Él. Imagínese que el hermano en el departamento de ropa antes mencionado fuera a ser despedido el próximo mes, pero que le exigieran *enseñarle* al nuevo jefe en lugar de entregarle simplemente el negocio. En ese caso, él sería responsable en parte durante el período de transición. Con Dios, sin embargo, esto no es posible. Él, o lo acepta todo o no acepta nada. Él nunca se hace cargo de la mitad solamente.

Parece que todos adolecemos de un pecado grave que es el de la incredulidad. Nos hacemos cargo de nosotros mismos a diario. Pensamos que fracasaremos en forma terrible si no nos controlamos y reprimimos nuestros pecados. Pero cuando predicamos el evangelio a las naciones, les decimos que ellos no tienen que hacer nada porque Cristo ya murió por ellos. Les decimos que todo lo que tienen que hacer es creer y serán salvos. De la misma manera, nosotros hemos sido crucificados con Cristo y Él es el que ahora vive en nosotros. ¡Gloria y gracias a Dios! Cristo es la cabeza y nosotros los miembros del cuerpo. Cristo es la vid y nosotros los pámpanos. Él es nuestra vida. Él es nuestro todo. Por consiguiente, los que estamos salvos quitémonos del medio; los que hemos sido crucificados con Cristo no debemos preocuparnos más por nada. ¡Déjémosle a Él cargar con todas nuestras responsabilidades!

En el libro titulado *The Christian's Secret of a Happy Life* (El secreto cristiano de una vida feliz) hay una historia acerca de un cristiano que bajó a un pozo seco. Descendió, sujetándose primero con una mano luego con la otra de la cuerda que estaba atada a la boca del pozo. Mientras descendía, de repente se encontró al final de la cuerda. No conociendo la profundidad del pozo pensó en subir nuevamente hacia la boca del pozo. Pero era demasiado tarde, puesto que ya no tenía la fuerza para hacerlo. Se aferró a la cuerda con ambas manos y gritó pidiendo ayuda. Pero el pozo estaba situado en un desierto y él estaba en el fondo del pozo. No importaba lo fuerte que gritara, nadie lo podía escuchar. Finalmente estaba tan exhausto que no pudo seguir aferrado a la cuerda. Así que oró: "Dios, permíteme caer en la eternidad." Y después de orar, se soltó de la cuerda y cayó hacia abajo. Para su asombro, ¡fue una mera caída de unos pocos centímetros! No cayó en la eternidad, sino cayó sobre la Roca de los siglos. ¡Suéltate! Porque la primera condición para obtener la vida triunfante es soltarse. Y cuando te sueltes, prevalecerás.

Una hermana oyó el mensaje de cómo obtener la vida triunfante rindiéndose y creyendo. Ella iba a menudo a la montaña a orar. Le pregunté si había cruzado el umbral de la victoria. Contestó que ese día en la montaña había cavado una vez más una tumba y se había enterrado a ella misma. Varias veces más le volví a preguntar lo mismo y siempre me daba la misma respuesta. Yo sabía que ella había luchado con muchos pecados difíciles en su vida; sin embargo, notaba cuán preocupada estaba. Oré por ella, pero sin resultado.

Un día le pedí a Dios que me diera las palabras que pudieran ayudarla. Ese mismo día, la escuché tocando un himno. Le pregunté otra vez que cómo estaba ahora.

— He luchado con muchas cosas — me dijo llorando —, pero hay un pequeño pecado que no puedo vencer: comer continuamente.

Para otros este problema tal vez no signifique nada, pero para ella no era un pequeño pecado.

— ¡Eso es excelente! No podría ser mejor — repliqué sonriendo.

— Usted dice que las condiciones para obtener la vida triunfante son primero entregarse y luego creer — se quejó ella —. Pues yo no puedo ni entregarme ni creer.

— Entonces usted no debe ni entregarse ni creer — respondí.

— ¿Pero no dice usted que las condiciones para la victoria son primero entregarse y luego creer? — replicó ella.

— Está bien si usted ni se entrega ni cree — insistí —; porque ¿qué significa entregarse? Entregarse es soltarse y soltarse es no hacer nada. Pero usted ha hecho del soltarse un *trabajo. Creer, también, es no hacer nada; pero usted ha convertido el creer en un trabajo.* Usted encuentra que no puede entregarse ni creer. Está bien, ¿por qué no cruza el umbral de la victoria tal como es? Usted no tiene que reformarse, ni siquiera tratar de soltarse. Las condiciones para la victoria son simplemente entregarse y creer. Pero usted ha tomado el entregarse y el creer como un trabajo y eso es algo totalmente inútil. Simplemente líbrese de todo y no haga nada. Alabe si puede; sin embargo, ni siquiera trate de alabar si no puede. Venga a Dios y láncese en su regazo aunque sea tambaleándose. ¡*Esto* es soltarse!

¡Cuán poco sinceros somos a menudo! Cuando Dios dice que no hagamos nada, todavía queremos hacer esto y lo otro. Muchos hermanos y hermanas reclaman que ellos se sueltan; sin embargo, convierten su soltarse en un trabajo. Todavía están luchando y desperdiciando su fuerza para soltarse y no soltarse. Pero soltarme significa simplemente reconocer que estoy acabado. Esto es victoria.

Después que esta hermana me escuchó, estuvo turbada por tres días a causa de la intensidad de la luz de esta verdad. Luego traspasó el umbral de la victoria. Dios la había sacado adelante.

NUESTRA DEBILIDAD
ES PARA GLORIARNOS EN ELLA

"Y me ha dicho: Bástate mi gracia; porque mi poder se perfecciona en la debilidad. Por tanto, de buena gana me gloriaré más bien en mis debilidades, para que repose sobre mi el poder de Cristo" (2 Co 12:9). Este pasaje refleja el hecho de que no sólo debemos confesar nuestra debilidad, nuestra impotencia y nuestra falta de esperanza, sino también regocijarnos en nuestra debilidad e impotencia y desesperanza. ¿Dice que debemos llorar por nuestra debilidad? No, en lugar de llorar debemos regocijarnos; pero no sólo regocijarnos, ¡sino gloriarnos y jactarnos! El mundo se lamenta de sus debilidades, pero los vencedores en Cristo se glorían en sus debilidades por causa de su fe.

¿Percibe usted debilidades y fracasos en su vida? Estas cosas son valiosas para usted, puesto que le pueden ayudar a vencer. Conocí a un médico en Chefoo. Hacía tres o cuatro años que conocía al Señor. Había servido como militar durante una diez años y por consiguiente era muy recto y estricto. Aún más, no había duda acerca de su salvación. Pero tenía un mal hábito, que era fumar cigarrillos.

Cuando estaba en las vastas provincias del noreste de China, fumar no era un gran problema. Pero al venir a un lugar pequeño como Chefoo donde apenas habían setenta u ochenta hermanos en la iglesia, tenía que esconderse en su hogar para poder fumar. Aun en su casa no se atrevía a fumar abiertamente porque su esposa era una hermana en el Señor. En el hospital donde trabajaba, algunas enfermeras también eran hermanas en el Señor. Por un lado quería fumar, por otro lado, se sentía incómodo de hacerlo. Si mientras estaba fumando oía voces que se acercaban, de inmediato apagaba el cigarrillo. En la calle, antes de encender un cigarrillo tenía que mirar para ver si había algún conocido. Dejar de fumar era algo que no podía hacer; sin embargo, continuar fumando era algo que lo hacía sentirse muy mal. Estaba realmente en un estado de desesperanza.

Un día después del culto me pidió una entrevista personal a las nueve de la mañana del siguiente día. Dijo que tenía una cosa muy importante que hablar conmigo. Así que a la mañana siguiente, tan pronto como nos encontramos, me contó su historia.

— He fumado por más de diez años — me dijo —, he tratado de dejar de fumar pero no puedo. ¿Qué puedo hacer?

Cuanto más hablaba, tanto más levantaba yo la cabeza y sonreía.

— Señor Nee — me suplicó —, este es un asunto muy serio para mí.

— Lo sé — respondí.

— No hay nada que yo pueda hacer — reiteró.

— ¿Nada que usted pueda hacer? — dije yo —, bueno, no poder hacer nada es lo mejor.

— ¿Qué quiere decir? — preguntó.

— Me regocijo en mi corazón porque su problema sólo lo puede resolver el Señor. Usted no puede hacer nada ni yo tampoco. Su esposa no puede hacer nada; los hermanos y hermanas no pueden hacer nada. Teniendo un paciente tan bueno como usted, el Señor Jesús tendrá una buena oportunidad de examinarlo — le dije.

— Pero yo he estado desesperanzado por más de diez años y hoy día este problema es aun *más serio que antes* — enfatizó el médico.

— Es cierto que a usted le es imposible resolver su problema — respondí —, pero nada es imposible para el Señor. Puede ser resuelto con un simple ajuste.

"Doctor Shih — continué —, usted es un buen médico y yo tengo un cuerpo saludable. Consecuentemente, usted no me necesita a mí ni yo lo necesito a usted. Usted sólo puede mostrar su talento en mí cuando yo estoy enfermo, muy enfermo. Cuanto más enfermo yo esté, tanto mejor se manifestará su talento. De la misma manera, aquí está nuestro Señor Jesucristo quien tiene todo el poder para resolver el problema que usted, doctor Shih, no ha podido resolver.

— ¿Cómo puede ser eso? — me preguntó con ansiedad.

Entonces le mostré 2 Corintios 12:9 que declara: "Bástate mi gracia; porque mi poder se perfecciona en la debilidad. Por tanto, de buena gana me gloriaré más bien en mis debilidades, para que repose sobre mi el poder de Cristo."

— No hay nada mejor que el hecho de que usted no pueda refrenarse de fumar — le dije —. Si usted ha pensado qué bueno sería si fuera capaz de dejar de fumar, entonces es que no entiende todavía las palabras de las Escrituras. Porque dice llanamente que el poder de Cristo se perfecciona en nuestra debilidad humana. Según su punto de vista, sería bueno no fumar; pero según el punto de vista de Dios, es mejor que usted no pueda evitar fumar.

Él se quedó atónito.

"No se entristezca porque fuma — continué —, ni considere su incapacidad para dejar de fumar como algo malo. En cambio, debe orar: 'Dios, te doy gracias y te alabo porque fumo. Te alabo y te doy gracias porque no puedo dejar de fumar. Pero también te alabo y te doy gracias porque tú puedes hacer que yo deje de fumar, tú puedes quitarme el deseo de hacerlo.'

— ¿Es cierto que Dios puede hacer esto? — preguntó.

— Verdaderamente, Dios sí puede — le respondí.

Así que oramos juntos. Después que oré unas pocas palabras, él también oró. Él tenía fe en verdad. Cuando oró, habló como un soldado, rectamente diciendo: "Dios, te doy gracias y te alabo porque fumo y no puedo dejar de hacerlo. Dios, te doy gracias y te alabo porque tú puedes hacerme dejar de fumar."

Después que terminó de orar y antes de que sus lágrimas se secaran, tomó su sombrero para irse.

— Doctor Shih, ¿va a fumar otra vez? — le pregunté.

— Yo, el doctor Shih, soy incapaz de dejar de fumar — me contestó —, pero Dios es poderoso para hacer que deje el cigarrillo.

Ahora yo sabía que el problema estaba resuelto.

Por la tarde, sin embargo, estaba preocupado por él. Así que fui al hospital para ver cómo estaba. Dijo que todo iba bien. A la mañana siguiente le pregunté y obtuve la misma respuesta. Esa misma tarde, cuando lo encontré, me dijo: "Hablé con mi esposa hoy acerca de que lo que ella no logró peleando conmigo durante todos esos años, Dios lo resolvió en media hora. No fumé ayer y no he fumado hoy." Antes de irme, le pregunté si él podía dejar de fumar. Su respuesta fue que *él* no podía, pero que el Señor lo había hecho por él. Así que me sentí perfectamente seguro de él.

No se haga ilusiones de que usted puede cambiarse a sí mismo para lograr ser un poco mejor. Aunque pasaran cincuenta años todavía sería el mismo. La victoria es Cristo viviendo en y por usted. Por lo tanto, usted puede decirle gracias a Dios porque usted no puede pero Cristo puede. Yo quisiera decirle al mundo entero: no tengan miedo del mal genio del hombre o del peor orgullo; sólo teman que el hombre no sea capaz de ver el *poder* de Cristo así como tampoco su propia *impotencia*.

Es bueno que usted le dé gracias a Dios por su victoria. Pero también debe darle gracias por su debilidad. Porque el poder de Cristo se perfecciona en su debilidad. Doy gracias a Dios que Watchman Nee es muy corrupto. Le doy gracias una vez más porque Cristo manifiesta su poder en mí. Le confieso a Él: "Dios, no tengo bien ni justicia, ni santidad ni paciencia. Pero te doy gracias y te alabo porque no tengo todas estas cosas ni las tendré jamás. En lo sucesivo, oh Dios, me rindo por entero a ti. De ahora en adelante, es tu Hijo quien vence por mí." De esta manera, usted obtendrá victoria instantáneamente.

IMPOSIBLE PARA EL HOMBRE, PERO POSIBLE PARA DIOS

En Lucas 18 vimos la imposibilidad de que se hiciera algo en un joven. En Lucas 19, sin embargo, vemos que en Zaqueo *fue* posible: "He aquí, Señor, la mitad de mis bienes doy a los pobres; y si en algo he defraudado a alguno, se lo devuelvo cuadruplicado" (v. 8). Él pudo hacer todo esto *de una vez.* Lo que fue imposible con el joven fue hecho posible en Zaqueo. Así que Lucas 18 nos muestra que para los hombres es imposible; mientras Lucas 19 nos muestra que para Dios todas las cosas son posibles. En Lucas 18 el *joven* fue *incapaz,* pero en Lucas 19 el *adulto fue* capaz. En Lucas 18 el Señor habló al joven que no podía oír. En Lucas 19 el Señor no dijo nada; sin embargo, el hombre creyó. Fue imposible con el joven porque no creyó que Dios podía. La salvación vino a la casa del hombre adulto porque tenía fe y por lo tanto era verdaderamente un hijo de Abraham. Todo fue hecho por Dios.

Demos gracias y alabemos al Señor. Amar, no lo puedo hacer; ser paciente, no lo puedo ser; ser humilde, no lo puedo ser; ser amable, no lo puedo ser. ¿Pero dónde dice Dios en su Palabra que usted debe hacer lo que puede y debe vivir como ha vivido? Por el contrario, Él nos manda a hacer lo que no podemos y vivir como nunca antes hemos vivido. Cada mañana le doy gracias y alabo a Dios, porque hoy Él *hará* milagros. Cada tarde le doy gracias y alabo a Dios porque Él ha *hecho* milagros. Hoy Él me capacita para soportar lo que yo no puedo soportar; hoy Él me hace amar lo que no puedo amar. Hoy Él me hace hacer lo que no puedo hacer y vivir de una manera en que no puedo vivir. Gracias y gloria a Él, diariamente es imposible para los hombres, ¡pero diariamente es posible para Dios!

6

Cómo creer

Y lo que ahora vivo en la carne, lo vivo en la fe del Hijo de Dios.

Gálatas 2:20b

Es, pues, la fe la certeza de lo que se espera, la convicción de lo que no se ve.

Hechos 11:1

CREER HASTA OBTENER LA VICTORIA

Hemos visto que la vida que triunfa no es otra que Cristo mismo. No es mi mejoramiento ni mi progreso. No es poner mi propio esfuerzo para poder ser como Cristo. La victoria es Cristo viviendo en mí y venciendo por mí. Así como Él murió en la cruz por mí para que yo pudiera ser salvo, así hoy día Él vive en mí para que yo pueda ser vencedor. Hemos visto también las condiciones para la victoria: una, entregarse; y dos, creer. Creemos que el Hijo de Dios vive en nosotros y también creemos que Él vive su victoria a través nuestro. En nuestra última exposición miramos con atención el tema de *entregarse*. Ahora examinaremos más atentamente el tema de *creer*. Muchas personas se han entregado; sin embargo, no tienen victoria. Esto es porque no creen. Entregarse sin creer no trae victoria, ya que la entrega es el aspecto negativo, mientras que creer es el aspecto positivo. Sólo cuando ambos aspectos son puestos en práctica puede asegurarse la victoria. Y este aspecto positivo es el que ahora queremos examinar más detalladamente.

Un hermano en Chefoo fue a su casa después del culto y declaró que, aunque se había entregado, no había experimentado la victoria. Permaneció igual al día siguiente. En realidad, hasta perdió los estribos en la tienda ese mismo día. Así que le dije que entregarse no garantiza la victoria, ya que esto es sólo la parte negativa. Lo que era esencial que él hiciera era creer con sinceridad de corazón después de entregarse. Él aceptó la verdad y obtuvo la victoria. En la última reunión de la asamblea se puso de pie y alabó a Dios, declarando que era la primera vez que había alabado a Dios por no tener nada de que jactarse y que también era la primera vez que había alabado a Dios por haberlo hecho todo.

¿Cuál fue la experiencia del apóstol Pablo? ¿Cómo obtuvo él la victoria? El primer paso que dio fue el de rendirse: "Con Cristo estoy juntamente crucificado", testificó. Ya había tenido la experiencia de "ya no vivo yo". Entonces continuó declarando: "Lo que ahora vivo en la carne, lo vivo en la fe del Hijo de Dios". Lo que él quiso decir aquí fue: Creo que el Hijo de Dios vive en mí; creo que me ama y se dio por mí.

Investiguemos ahora lo que es la fe, especialmente la relación entre la fe y la victoria.

CREA EN LOS HECHOS DE DIOS

Todas las cosas en la Biblia fueron hechas por Dios para nosotros. En una conferencia que se celebró en enero de 1934, mencionamos que Dios nos ha dado tres cosas: (1) su pacto, (2) los hechos que llevo a cabo y (3) sus promesas. Todo lo que Dios hizo por nosotros se encuentra en esos tres dones que son el pacto, sus hechos consumados y sus promesas. Cuando dimos los mensajes acerca del "Mejor Pacto", hablamos largo y tendido acerca del primer don del pacto. Por consiguiente, no trataremos este tema aquí. En cuanto a las promesas y los hechos de Dios, sin embargo, nos gustaría tratarlos en detalle. *Las promesas* son lo que Dios hará por nosotros *en el futuro*, mientras que *los hechos* son lo que Dios ya ha *consumado* en nosotros.

Muchas personas no saben cuáles son los hechos de Dios. El Señor Jesús murió en la cruz por todo el mundo, esto es un hecho. ¿Pero cuántos han sido salvos? Sólo los que han creído. En consecuencia surge un problema, que es el siguiente: ya que Cristo murió por el mundo entero, ¿por qué el mundo entero no ha sido salvo? Es porque no todos los que están en el mundo reciben lo que Dios ha hecho *por fe*. De igual manera, sin embargo, muchos cristianos no aceptan por fe el hecho de que Cristo vive en ellos. Cristo es la cabeza y todos los creyentes son el cuerpo. Así como la cabeza en el cuerpo físico siente, administra, controla y responde, así será para el cristiano si permite que su cabeza espiritual, el mismo Cristo, sienta, administre, controle y responda por él. Frente a los hechos de Dios, ¿cuántos cristianos ven al Señor Jesús como su cabeza? ¿Es Cristo el que siente o sienten ellos? ¿Administra Cristo o administran ellos? ¿Controla Cristo o controlan ellos? ¿Responde Cristo o responden ellos? ¿Dónde radica la dificultad? Nada más que en la falta de fe.

Quizás algunos hermanos y hermanas respondan que ellos creen en Cristo como la cabeza; sin embargo, no pueden creer que la cabeza es responsable de todo. Simplemente no pueden creer; no entienden lo que es la fe. Las Escrituras dicen que el Señor es la vid y nosotros los pámpanos. No dice que él *será* nuestra vid y que *seremos* sus pámpanos. Ya sea que lo creamos o no, de todas maneras él *es* la vid y nosotros de todas maneras *somos* los pámpanos. Sin embargo, sólo para los que creen fluirá la savia espiritual a través de ellos; y el resultado será que llevarán fruto. Pero para los que no creen, la vida del Señor *no puede* fluir a través de ellos; por tanto, ellos mismos tienen que trabajar si quieren tener algún fruto.

LA FE CONFIRMA LOS HECHOS DE DIOS

Hebreos 11:1 habla del significado de la fe. Es el único versículo en toda la Biblia que nos da una definición de la fe: "Es, pues, la fe la certeza de lo que se espera, la convicción de lo que no se ve." En diversas versiones de la Biblia encontramos diferentes interpretaciones de la palabra que aquí se traduce como "certeza", ya que es una palabra muy difícil de traducir del griego al español. Para mayor precisión, esta palabra debería traducirse como "dar sustancia a" o "confirmación", lo que quiere decir que la fe es la capacidad de confirmar que una cosa es real. Por ejemplo, en este salón donde estamos reunidos tenemos delante de nosotros la figura de una lámpara, el color de la pared y el sonido del órgano. ¿Cómo confirmamos la forma, el color y el sonido para que sean reales para nosotros? Lo que puede confirmar la existencia del color no es nada menos que nuestros dos ojos. Imagínese que hubiera un cuadro también aquí con colores hermosos tales como el verde, el rojo y el amarillo. Estos hermosos colores necesitan de nuestros ojos para ser reales. Si no tuviéramos ojos, entonces a pesar de lo hermoso que son los colores, nada podría lograr que fueran una realidad para nosotros. De la misma forma, aunque el sonido del órgano es agradable, se necesitan los oídos para confirmar que ese sonido es real. La persona sorda no tiene forma de confirmar que la música es real. Ni los ojos ni el toque de las manos pueden confirmar el sonido; sólo los oídos pueden confirmar el sonido y hacerlo agradable. Así también la forma de una cosa puede ser cuadrada, redonda, plana, triangular o curva; sólo podemos saber que es real si la tocamos o si la vemos con nuestros ojos. Vemos que la existencia de algo es una cosa mientras que la confirmación de su existencia es completamente otra. Hay numerosas cosas en el mundo físico, pero cada una de ellas necesita de una cierta capacidad para poder comprobar el hecho de que es real. En el ámbito espiritual, esa capacidad es la fe.

Aquí vemos un cuadro con un precioso paisaje de colinas, agua, flores y árboles. Con sus ojos usted puede hacer que la belleza de este cuadro, así como su existencia sean reales. Imagínese ahora un hombre que nació ciego y que nunca ha visto ningún color. Usted trata de hablarle del rojo que usted ve en el cuadro y él le preguntará ¿qué es el color rojo? Usted le dice que hay color verde también, pero él dice ¿qué es verde? Todo lo que usted puede decirle es que lo que es rojo es de color rojo y que lo que es verde es de color verde. Aunque la pintura existe, el hombre ciego no puede disfrutar de su belleza.

Aquí hay un hermana que toca bien el piano. Cualquiera que tenga oídos y sepa algo de música puede apreciar lo que esta hermana toca. Pero el que es sordo y no conoce la música, no podrá verificar la dulzura de la música. Nuestra fe es exactamente como eso. Todos los hechos de Dios son reales y verdaderos, pero sólo la fe los puede verificar. Porque "la fe es la certeza de lo que se espera, la convicción de lo que no se ve".

La persona ciega no puede ver la hermosa escena en un cuadro. Sin embargo, su incapacidad para ver no puede de ninguna manera refutar la existencia de la pintura. Porque su existencia es una realidad, ya sea que la persona la vea o no.

Sus hermosos colores permanecen inmutables. La cuestión es, ¿puede la persona obtener algún beneficio del cuadro? El que tiene ojos se complace con la pintura y se beneficia de ella. Es lo mismo en el ámbito espiritual. Que el Señor derramó su sangre y murió en la cruz por la humanidad es un hecho. Sin embargo, sólo los que tiene fe son capaces de comprobar este hecho y beneficiarse de él. Para los que no creen, la muerte del Señor en la cruz puede ser real, pero no son capaces de experimentarla y beneficiarse de ella.

¿Ha visto usted ahora el significado de la fe? Necesitamos fe para comprobar una cuestión espiritual así como necesitamos ojos, oídos y manos para comprobar cuestiones físicas. En todos los asuntos espirituales, se necesita el elemento de fe para poder confirmarlos. Por ejemplo, el Señor es cabeza y nosotros los miembros de su cuerpo. Esta unión es un hecho indestructible. Así es la realidad de que el Señor es la vid y nosotros somos los pámpanos. Creyéndolo, nos beneficiaremos de ello. Algunos pueden decir que el Señor *es* la vid y que ellos *son* los pámpanos; pero no tiene la experiencia de savia espiritual ni vida ni llevan fruto. Esto es porque no tienen fe.

¿Qué es la fe? La fe no es una percepción mental. Es ver los hechos y poder verificarlos. Usted ha oído que Cristo murió en la cruz y derramó su sangre para la remisión de pecados; y por lo tanto usted dice que Cristo murió en la cruz y derramó su sangre para la remisión de los pecados. Usted ha oído que el Señor es la vid y nosotros los pámpanos; por lo tanto usted también dice que el Señor es la vid y nosotros los pámpanos. Usted ha oído que el Señor Jesús es su vida y que Él vive en usted; por lo tanto usted también dice que el Señor Jesús es su vida y que Él vive en usted. Sin embargo, usted no puede comprobar esos hechos y lograr que sean una realidad para usted porque le falta fe. De la misma manera, usted puede deshacerse de sí mismo porque se da cuenta de su incapacidad e inutilidad. Sin embargo, eso es sólo el aspecto negativo de la victoria. Usted necesita, en forma positiva, probar que Cristo es real por un acto de fe, creyendo. ¿No es maravilloso que en un minuto, no, en un *segundo*, todo lo que Cristo ha logrado puede ser verificado y demostrado en su vida? Tal es la confirmación de la fe.

¿Cómo sabe usted que un cuadro es hermoso? Porque lo ha visto con sus ojos físicos. ¿Cómo conoce usted las riquezas de Cristo? Porque las ha visto con sus ojos espirituales. En la carta a los colosenses, Dios declara que "en Él (Cristo) vosotros estáis completos" (2:10). ¿Pero cómo sabe usted que está completo en Cristo? Porque lo ha visto con los ojos de la fe. Cuando usted se mira a sí mismo, sabe que no está completo en lo absoluto. Aun así, ¿puede de todas maneras declarar que está completo en Cristo? Con los ojos de la *fe* usted *puede*. El Señor le ha dado sus riquezas, gracia sobre gracia. ¿Las tiene usted? No es que si las tiene en su mente, sino si usted *cree* en su corazón que las tiene.

"Bendito el Dios y Padre de nuestro Señor Jesucristo, que nos bendijo con toda bendición espiritual en los lugares celestiales en Cristo" (Ef 1:3). Nosotros en realidad profesamos creer que Dios nos bendijo con toda bendición espiritual en los lugares celestiales en Cristo Jesús; sin embargo, ¿dónde están las bendiciones? Todo el asunto gira alrededor del tema de la fe, creer que la Palabra de Dios es verdadera.

El gran fracaso de un cristiano es la incredulidad. Crea, y el hecho está probado. Vea con fe y el hecho es comprobado con la experiencia.

Había en Inglaterra un hombre de Dios cuyo nombre era H. W. Webb-Peploe. Escuchen lo que él testificó:

> *Cuatro días después, mi hijita que estaba con nosotros a la orilla del mar se enfermó y murió. Tuve que llevar el pequeño sarcófago en mis brazos todo el camino hacia el hogar, donde enterré a mi pequeña con mis propias manos. Regresé del entierro y me dije a mí mismo: "Ahora has perdido tus vacaciones, has regresado al hogar con problemas y debes hablar a tu pueblo en vez de dejar que hable tu adjunto; más vale que les hables de Dios y de su amor." Miré a ver qué lección estaba asignada para el domingo y encontré que era el capítulo doce de segunda a los corintios. Leí*

el versículo nueve: "Bástate mi gracia", y pensé: He aquí un versículo para el sermón. Me senté para preparar mis notas, pero pronto me encontré quejándome en mi tienda en contra Dios por todo lo que Él estaba pidiéndome que soportara. Tiré mi pluma, caí sobre mis rodillas y le dije a Dios: "¡No es suficiente! ¡No es suficiente! ¡Señor, haz que tu gracia sea suficiente, Señor, hazlo!"

El día antes de salir de casa, mi madre me había dado un hermoso texto iluminado y yo le había pedido al criado que lo colgara en la pared sobre mi mesa para encontrarlo allí cuando regresara. Al abrir mis ojos estaba diciendo: "Dios, haz que tu gracia me baste", y allí en la pared vi: MI GRACIA ES SUFICIENTE PARA TI.

La palabra *es* estaba en verde brillante, *mi* estaba en negro y *ti* en negro: "Mi gracia es suficiente para ti". Escuché una voz que parecía decirme: "¡Insensato, cómo te *atreves* a pedirle a Dios lo que ya está hecho! Levántate y tómalo, y encontrarás que es verdadero. Cuando Dios dice *'es'*, es para que tú lo creas y te darás cuenta que esto es siempre cierto." Ese *es* cambió mi vida; desde ese momento pude decir: "Dios, cualquier cosa que digas en tu Palabra yo sé que es verdad y lo acepto de todo corazón."

Este siervo de Dios estaba tan lleno de gozo y gratitud que nunca más le volvería a pedir a Dios de esa manera. Al día siguiente se paró en el púlpito y predicó el mejor mensaje de su vida. Cuando las personas le preguntaron cuándo había experimentado por primera vez el legado de poder del cielo, su respuesta fue que había sido después que regresó de enterrar a su hijita. Lo que hizo la diferencia fue que aprendió a creer.

Un hermano me dijo más tarde que después de haberme oído hablar detalladamente, no había recibido nada. Le dije que era porque sólo me escuchó a mí. Debía además haberle pedido a Dios que le hablara a él. Así pues, por la tarde oró: "Dios, ayúdame a vencer. Dios, mi carácter es muy malo, capacítame para vencerlo." Mientras oraba, recordó la oración del leproso que le dijo a Jesús: "Señor, si quieres, puedes limpiarme" (Mt 8:2b). Así que oró también: "Señor, si quieres, puedes hacer que mi mal genio desaparezca." En ese momento se dio cuenta de que el Señor ya quería; porque en la historia, Jesús había dicho: "Quiero", en respuesta al leproso. ¿Por qué, entonces, tenía él que orar de esta manera? El Señor lo ha hecho todo y el Señor quiere; por consiguiente, todo estaba bien.

Todo *está* bien si usted puede creer 2 Corintios 12:9 o Lucas 18:27. Creyendo en el "yo quiero" del Señor Jesús, su problema se resuelve. Fe no es *pedirle* a Dios lo que Él ya ha prometido. Fe es *creer* la promesa de Dios.

Una vez un hermano habló de cómo cruzar el umbral de la victoria. Después que terminó de hablar, dedicó un momento para preguntas y respuestas. En la audiencia vi a una joven con lágrimas corriéndole por sus mejillas, pero que no se ponía de pie para hacer ninguna pregunta. Sin embargo, una anciana se levantó y preguntó: "Durante esos años siempre he orado por la victoria, pero nunca la he obtenido. ¿Cuál es mi problema?" "Su problema no es otro sino que ora mucho", replicó el hermano. "Todo irá bien si usted cambia su oración en alabanza." Tan pronto como dijo esto, otro hermano se paró y dijo: "He pedido victoria durante once años sin tener ningún resultado. Ahora lo he obtenido escuchando la pregunta y la respuesta entre esta anciana y usted." El hermano que ministraba fue entonces hacia la joven y le preguntó cómo estaba. "Yo también he obtenido la victoria después de escuchar la pregunta y la respuesta", respondió la joven. Y esa es la fe.

No tomemos a la ligera que soltar, por sí solo, es victoria. Sin fe, usted todavía no puede confirmar el hecho de Dios. Así como el color en una pintura necesita ser confirmado por los ojos, el sonido del órgano por el oído, y la forma de una sustancia por la mano, así las promesas y la Palabra de Dios deben ser confirmadas por la fe. No oramos: "Dios, sé mi victoria gradualmente". No, sino que oramos: "Dios, tú *eres* mi victoria; te alabo y te doy gracias. Dios, tú *eres* mi vida; te alabo y te doy gracias. ¡Dios, tú *eres* mi santidad!"

Quiero que sepan que yo he enfrentado muchas tentaciones en mi vida. Muchos problemas difíciles se han presentado en mi camino; y muchas palabras duras han caído en mis oídos. ¿Le pido a Dios que me dé fuerza para poder vencer? Por el contrario digo: "Señor, ¡te alabo y te doy gracias porque tú eres mi victoria! Señor, tú vences por mí y te alabo y te doy gracias. Tú resistes por mí, te alabo y te doy gracias. Señor, Tú eres la cabeza, y yo soy parte de tu cuerpo. Tú eres el tronco y yo soy la rama. Tú me suples todo lo que necesito." Y he encontrado que Él ya está supliendo mis necesidades de acuerdo con su propia palabra.

Quizá cada uno de nosotros ha sido salvo por un versículo diferente de los miles que se encuentran en la Palabra de Dios. Algunos son salvos mediante Juan 3:16, otros mediante Juan 5:24 y otros mediante Romanos 10:10. ¡Sólo una Palabra de Dios y una persona es salva! Eso es también cierto con respecto a la victoria. Una de las muchas palabras de Dios traerá victoria a un creyente, así como ese hermano que recibió la victoria mediante la palabra de Jesús: "yo quiero" (Mt 8:3a). Muchos han poseído la victoria mediante 2 Corintios 12:9, Romanos 6:14 ó 1 Corintios 1:30.

FE NO ES ESPERANZA

Los que están meramente esperando es porque no han creído. Si usted le pregunta a una persona si ha vencido y su respuesta es que *espera* vencer, usted sabe por seguro que no tiene fe, así como usted sabe que una persona no tiene fe si dice que *espera* ser salvo. Algunos aquí están esperando todo el tiempo que el Señor los liberte y les dé la victoria. Algunos aquí están orando continuamente al Señor pidiéndole la victoria. Algunos están esperando por largo tiempo que el Señor les dé la victoria. Algunos hasta pueden afirmar que se han entregado y que han creído, pero están esperando a ver si funciona. Nunca funcionará si las personas esperan para ver si es efectivo o no, porque fe no es esperanza.

Un hermano una vez me preguntó si después que hemos experimentado la victoria debemos recordar continuamente que el Señor Jesús es nuestra victoria. Ahora, sucede que él era el supervisor de más de veinte empleados en una fábrica. Esta supervisión, me dijo él, lo mantenía ocupado desde temprano en la mañana hasta tarde en la noche. ¿Cómo, entonces, me preguntó, podía él recordar este asunto todo el tiempo ya que estaba tan ocupado con tantas otras cosas? ¿Podía aun vencer? Para responderle, le pregunté que si él continuamente recordaba mientras estaba en la fábrica que tenía dos ojos. Desde luego que no, respondió. ¿Tenía él que tocar sus ojos con su mano después del trabajo para asegurarse que todavía estaban allí? Ciertamente no, respondió. Por lo tanto, le dije, no era importante que lo recordara o no, porque lo esencial era que sus ojos estaban allí. Gloria y gracias a Dios, la vida victoriosa en nosotros no depende de que nos acordemos del Señor; más bien, depende de que el Señor se acuerde de nosotros. ¡Qué difícil es para nosotros acordarnos siempre de Él, pero gracias a Dios, es Él quien siempre se acuerda de nosotros!

LA FE NO ES SENTIR

Tal vez algunos no estén esperando, ni orando; pueden estar más bien a la espera de un sentimiento. Una hermana me dijo que aunque ella se había entregado ya y había creído que el Señor estaba viviendo en ella, no se atrevía a decir que había vencido porque desde el día en que había aceptado la victoria del Señor hasta ese mismo momento, no había nunca sentido nada. Permítanme recalcar la verdad de que la fe es puramente creer: no tiene nada que ver con el sentimiento. El sentimiento puede ser útil en algunos otras cosas, pero en conocer al Señor es absolutamente inútil e indigno de confianza. La mano sólo puede tocar y sentir frío o caliente, pero no puede ver una pintura. En asuntos espirituales, la fe y no el sentimiento es lo que se requiere para comprobarlos. La victoria se basa en creer la Palabra de Dios. Algo es así, porque Dios lo ha dicho y no porque durante algunos días se haya sentido fuerte o gozoso. La victoria descansa sobre una Palabra de Dios.

Una mañana un hermano vino a contarme su problema. Él se había entregado al Señor y había creído, pero no se atrevía a decir que tenía victoria. Satanás lo estaba acusando todo el tiempo. Algo había sucedido un día, me dijo, que lo había hecho dudar de que su victoria era real. Vi con claridad que él estaba confiando en sus sentimientos. Así que le hablé por medio de una parábola: Yo tenía un jardín detrás de mi casa. Un día se lo vendí a usted y le di la escritura de la propiedad. Cuando usted fue al jardín, un hombre repentinamente apareció y le dijo que un pedazo del jardín le pertenecía a él. ¿Qué haría usted? Sólo existían dos alternativas: o creía en la escritura que yo le había dado la cual especificaba el tamaño de su jardín, o creía en la palabra del hombre. Si mi escritura era verdadera, entonces ese hombre mentía. ¿A quién iba a creer? Si hubiera creído las palabras del extraño, lo hubiera dejado permanecer en el jardín. Pero si creía en mi palabra, le ordenaría salir de su propiedad.

Las promesas y la Palabra de Dios son totalmente confiables. Pero si usted confía en sus sentimientos y dice que su mal carácter y su orgullo son problemas que no tienen solución, ¿entonces no sería la Palabra de Dios poco digna de confianza? Sin embargo, si usted cree en la Palabra de Dios, todos esos problemas que tiene se resolverían.

Dios le da un pacto especificando que la gentileza, la paciencia, la humildad, el amor, la templanza y todo lo demás que hay en Cristo es suyo. Sin embargo, usted pierde los estribos, se vuelve orgulloso e impuro y es derrotado. ¿Qué debe hacer? Si cree en la Palabra de Dios, usted dirá: "Dios, te doy gracias y te alabo; tengo la capacidad de ser gentil, paciente, humilde, amoroso y puedo estar en control de mi mismo porque Cristo vive en mí." Aferrándose a la Palabra de Dios, todas las cosas que usted teme, se irán.

LA INCREDULIDAD ES EL MAYOR PECADO

Hoy día el mayor problema entre los hijos de Dios es no creer en la Palabra de Dios.

Le pregunté a una hermana que había soltado el control de su vida y entregado todo al Señor si tenía victoria. Su respuesta fue que no se atrevía a decir que la tenía. ¿Y por qué? Porque no había visto ningún resultado. Así que le hablé directamente: "Usted ha cometido el mayor pecado de la humanidad que es la incredulidad. Su incredulidad se refleja en Dios como si Él estuviera mintiendo. Porque Él ha dicho que usted es la rama y que si usted se entrega Él vivirá su vida a través de Él. Sin embargo, ahora usted está diciendo que aunque ha entregado el control de su vida, Dios todavía no la ha liberado. En pocas palabras, está diciendo que *usted* ha hecho su parte, pero *Dios* no ha cumplido la suya." Ella negó que tuviera tal intención. Por consiguiente, le dije: "Usted debiera decir: 'Dios, te doy gracias y te alabo, porque ya me has dado la victoria.'"

Los que creen que el Señor es la cabeza y que Él es su vida deben observar *esta* palabra de la Biblia: "Creed que lo *recibiréis*, y os vendrá" (Mr 11:24b). Crea y lo más difícil pasará. Crea y nada puede interrumpir su camino hacia la victoria. ¡Esto es salvación! Hoy nuestra fe no es trabajo; es confirmar lo que Dios ya ha hecho. Crea que el Señor es la cabeza, crea que Él vive en usted, crea que Él es su vida, crea que Él es la vid y usted es el pámpano, y crea que Él vence por usted. Crea y toda tentación se irá. Crea que todo ha sido hecho por el Señor. ¡Gloria y gracias a Él, porque todas las cosas son hechas por Él!

Lo que Dios ha hablado es digno de confianza. No creemos o confiamos en nuestras experiencias o sentimientos, sino que creemos en la Palabra de Dios. Dios dice que el Señor Jesús no sólo murió en la cruz para ser nuestra justificación, sino que ahora vive en nosotros para ser nuestra santificación. Por lo tanto, podemos decir no sólo que Cristo es nuestra justificación, sino también decir que Cristo es nuestra santificación. No es que *sentimos* que Cristo es nuestra vida y santificación, sino que *creemos* que Él es nuestra vida y santificación. Dios dice que Cristo es nuestra vida, así que nosotros también decimos que Cristo es nuestra vida. Dios declara que Cristo es nuestra santificación, por lo tanto nosotros también declaramos que Cristo es nuestra santificación. Dios afirma que Cristo es nuestra victoria, y por eso nosotros también afirmamos que Cristo es nuestra victoria. Dios lo dice, así que nosotros lo creemos.

Le pregunté a otra hermana en Chefoo si ella se había rendido al Señor. Ella respondió que se *había* liberado de sí misma, porque Dios había dicho: "He sido crucificada con Cristo." Le pregunté que si había tenido la victoria, a lo que ella respondió que no se atrevía a decirlo, porque no tenía seguridad. Así que le hablé francamente: "Hermana, Dios dice que Cristo es su vida, pero usted dice que Cristo puede o no puede ser su vida. Dios dice que Cristo es su santificación; sin embargo, usted dice que Él puede o no puede ser su santificación. Dios dice que su gracia es suficiente para usted; sin embargo, usted dice que la gracia de Dios puede o no puede ser suficiente para usted. Con seguridad uno de ustedes dos está mintiendo. Si Dios tiene razón, usted está equivocada; o viceversa. Ahora ¿se atreve usted a decir que Dios es un mentiroso? Juzgando por lo que usted ya ha dicho, ¿no está sugiriendo usted que la Palabra de Dios no es digna de confianza?" De inmediato su rostro cambió de color. Negó que había hecho tal insinuación, porque ella *sí creía* en la Palabra de Dios. Finalmente se dio cuenta de lo que yo quería decir.

Le preguntaría lo siguiente: ¿Cree usted que es una cuestión sin importancia el continuar vacilando y dudando acerca del conocimiento de Cristo como su vida y santificación? Permítame advertirle seriamente que estará acusando a Dios de mentiroso.

Brevemente le pregunté a otra hermana en Chefoo si ella había entregado el control de su vida a Dios. Su respuesta fue que sí. ¿Pero tenía ella la victoria? Ella sabía que le faltaba la victoria porque todavía tenía algunos problemas insignificantes en su vida. Como tenía poco tiempo, le pedí a Dios que me diera palabras para responderle. Esto fue lo que le dije: "Usted dice que no tiene fe, pero a los ojos de Dios usted ha cometido un gran pecado, el pecado de no creer en su Palabra. Dios le ha dicho que Cristo es su vida, su santificación y su victoria. Él también le ha dicho que su gracia es suficiente para usted. Pero usted no cree y lo descarta con una sonrisa como si no tuviera importancia. Hermana, permítame decirle, ¡usted ha cometido un pecado grave! Usted debe ir y orar: "Dios, no creo en tu Palabra. He pecado contra ti. Dios, perdóname y quita mi corazón lleno de incredulidad. Líbrame de mi pecado."

Algunos pueden ser incrédulos; pero aunque es triste decirlo, lo consideran como un asunto trivial. En realidad es un gran pecado. El pecado de incredulidad es mayor que el pecado de adulterio o asesinato. Debe orar por lo tanto: "Dios, perdóname, porque he pecado contra ti. Quita mi corazón lleno de incredulidad." Si alguien considera que el no creer en la Palabra de Dios es pecado, muy pronto cruzará el umbral hacia la victoria. La fe se basa en la Palabra de Dios, en palabras tales como "mi gracia es suficiente para ti" (2 Co 12:9a) o "Cristo Jesús . . . nos fue hecho sabiduría de Dios, justificación y santificación y redención (1 Co 1:30) o "Cristo, que es nuestra vida" (Col 3:4a). Aférrate de la Palabra de Dios, ¡y todo irá bien!

7
Las pruebas de fe

Para que sometida a prueba vuestra fe, mucho más preciosa que el oro, el cual aunque perecedero se prueba con fuego.

1 Pedro 1:7a

Ahora nos referiremos a la prueba de la fe. Las Escrituras nos muestran que la fe será siempre probada. Toda fe debe ser probada. Las razones para la pruebas de fe son las siguientes:

1. Para que podamos crecer. Dios prueba nuestra fe para que podamos crecer. Ningún cristiano puede avanzar sin que su fe sea probada. Los cristianos en todo el mundo reciben desafíos a su fe. No tengo ninguna reserva en hacer esta declaración porque la única manera en que la fe crece es cuando es probada. Para conducirnos al crecimiento, Dios usa el único método disponible: Él permite que nuestra fe atraviese la prueba. Venimos a Dios y aceptamos su gracia por medio de la fe. Y en consecuencia, cuando nuestra fe es probada, crecemos naturalmente.

2. Para que el corazón de Dios se sienta satisfecho. Dios pone a prueba nuestra fe no sólo para hacernos crecer, sino también para satisfacer su propio corazón. Nadie en el mundo está exento de tener que pasar por pruebas de fe después de haber creído en el Señor y haber recibido la gracia de Dios. La razón de esas pruebas es para demostrar que su fe es real. La realidad de su fe a su vez satisface el corazón de Dios. Esa fe probada glorifica su nombre. A través de cualquier tribulación o persecución u oposición o tinieblas usted está siendo probado. Si usted cree sin vacilar, entonces su fe dará gloria al nombre de Dios.

3. Para que la boca de Satanás se cierre. Dios hace que nuestra fe atraviese pruebas no sólo para hacernos crecer y capacitarnos para satisfacer su corazón, sino también para cerrarle la boca a Satanás. El enemigo de Dios hará todo lo posible para que no digamos que hemos creído. Él tratará de ponernos todo tipo de obstáculos para evitar que reclamemos lo que hemos recibido por fe. Siempre lanza dudas y dificultades contra nosotros. Pero al probar nuestra fe, Dios cierra la boca de Satanás. Cuando este último descubre que no somos una presa fácil, retrocede. Si es posible, él siempre intentará evitar que vivamos en paz y con la bendición de Dios. Él no se dará por vencido hasta que sea silenciado. Para poder cerrar la boca de Satanás, Dios debe probar nuestra fe.

4. Para que podamos ayudar a otras personas. Otra razón por la cual Dios prueba nuestra fe es para equiparnos para ayudar a otros. Una persona cuya fe no ha sido probada es incapaz de ayudar a otros. Las personas sólo pueden recibir ayuda de aquel cuya fe ha sido probada. Nuestra fe es poco confiable si profesamos haber creído y sin embargo, nuestra fe no ha sido probada. Pero una fe probada deja a Satanás inutilizado; y esa fe ayuda a toda la iglesia.

Sin duda alguna, una fe que ha sido probada es mucho más preciosa que el oro (1 Pedro 1:7).

LA RELACIÓN ENTRE LA FE PROBADA Y LA VICTORIA

La razón por la cual nuestra fe es probada es para que podamos entender lo que es la fe realmente. La fe genuina es duradera. Si es de corta duración, no es fe. La fe genuina es la que continúa creyendo aun después de días o meses o años. Es capaz de soportar obstáculos una y otra vez. Continuará creyendo después de haber sido probada siete veces. La llamada fe de corta duración que se termina después de un rápido encuentro con alguna dificultad, no es fe en absoluto.

Las Escrituras nos muestran que la victoria llega cuando creemos la Palabra de Dios. Dios ha dicho que su Hijo es nuestra vida, nuestra cabeza, nuestra victoria, nuestra santificación, nuestro poder. Y nosotros sabemos que Él lleva todas nuestras cargas, cuida de todas nuestras responsabilidades, nos da paciencia y amabilidad, y nos sostiene internamente. ¡Gracias y gloria al Señor! Creemos y sabemos. Sin embargo, tendrá que probarse tal fe.

Esta mañana un hermano me dijo: "Me he entregado, he creído, he cruzado el umbral de la victoria. Pero ayer después de la reunión, mientras regresaba a casa en mi bicicleta, un anciano me golpeó y me caí de la bicicleta. En ese momento, aunque no dije nada, interiormente estaba encolerizado. ¿Por qué es esto? Me he entregado, he confesado mi incapacidad, he creído que Cristo es mi victoria, pero me enardecí aunque yo no estaba pensando en perder los estribos. ¿Qué es esto?" Simplemente, esto se debe a dos factores:

1. Nuestra victoria no significa que hemos cambiado. Habiendo cruzado el umbral de la victoria, no bien pasan algunas semanas en que no pecamos, comenzamos a creer que hemos cambiado y mejorado. Comenzamos a sentirnos gozosos, hasta jactarnos de nuestro logro. Después de lo cual, Dios decide probarnos permitiendo que fracasemos para que nos demos cuenta de que no hemos mejorado ni un ápice. La razón de nuestra nueva paciencia no es que hemos cambiado, sino que Cristo es paciente por nosotros. Si nos consideramos cambiados, indudablemente caeremos. Tenemos que saber que podemos ser pacientes sólo porque Cristo es nuestra paciencia, podemos ser amables sólo porque Cristo es nuestra amabilidad, podemos ser santos sólo porque Él es nuestra santidad. Aun después de haber vencido durante muchos días, seguimos siendo los mismos, para siempre somos nosotros mismos, y no hemos cambiado una pizca. Watchman Nee es Watchman Nee para siempre. Después de cincuenta años todavía será Watchman Nee. Quiten la gracia y Watchman Nee sigue siendo Watchman Nee. ¡Doy gracias y gloria al Señor! La victoria es Cristo; no tiene nada que ver conmigo. Todavía soy capaz de pecar; no he cambiado en lo absoluto.

En Chefoo algunos misioneros me preguntaron qué era cambio y qué era canje. Respondí: "Pablo más Pedro más Juan menos gracia es igual a pecadores. Esto es cierto no sólo de Pablo, Pedro y Juan; es cierto de nosotros las personas 'comunes y corrientes' también. Aparte de la gracia de Dios, no somos en nada diferentes a los ladrones y a las prostitutas. Si la gracia está presente, entonces es porque Cristo nos está sustituyendo y no porque hemos cambiado." Qué verdaderas son las palabras en un himno: "Cuanto más alto está mi corazón, tanto más cerca estoy de caer" (R. H. Earnshaw). Mantengamos en mente que usted y yo somos todavía los mismos; no hemos cambiado en lo absoluto.

2. *¿Cuál es más digna de confianza, la* Palabra de Dios o nuestra experiencia? Cuán fácilmente creemos y confiamos en nuestra experiencia. Consideramos que personas tan débiles, derrotadas y airadas como nosotros no pueden estar en condiciones de adquirir victoria. Esto es porque miramos a nuestra propia experiencia y consideramos que la Palabra de Dios es falsa. Pero permítannme preguntarle, ¿cuál es más digna de confianza, la Palabra de Dios o su propia experiencia?

En Chefoo, una hermana vino a verme. Confesó que se había rendido y creído plenamente en Cristo como su victoria; sin embargo, su victoria tuvo una vida muy corta; duró sólo una semana. Una semana más tarde, dos de sus hijos pelearon entre sí y ella no pudo soportarlo. Durante los últimos tres días, me dijo, no había tenido ninguna victoria. "¿Qué anda mal?" preguntó. Le pregunté si Cristo había cambiado. Ella contestó que no. Entonces, ¿ha cambiado la Palabra de Dios? pregunté. Otra vez contestó que no. Puesto que ni Cristo ni la Palabra de Dios habían cambiado, ¿cómo podía ella decir que no tenía victoria? Su respuesta: porque no podía soportar más la situación con sus hijos.

Así que en ese momento usé una parábola: "Imagínese que su hijo se encuentra con un hombre en la calle que le dice: 'Joven, usted no es nacido de su madre. Más bien, su madre lo compró en la farmacia por veinte centavos.' Imagínese que su hijo entonces corre a su casa y le pregunta: 'Mamá, ¿yo nací de ti o me compraste en una farmacia por veinte centavos? Te pregunto esto porque un extraño que me encontré en la calle me acaba de decir que me compraste.' Usted le dice a su hijo: 'Hijo, tú naciste de mí. No creas lo que el extraño dijo.'

"Él sale y se encuentra con otra persona que le dice la misma cosa, pero además agrega que fue testigo de la escena de la compra. Otra vez, su hijo viene a casa para preguntarle acerca de esta nueva historia que ha escuchado. Así que usted le dice a su hijo: '¡Qué! ¿Todavía no le crees a *mi* palabra?' Una vez más su hijo sale y se vuelve a encontrar con el mismo hombre que le pregunta si le ha preguntado a su madre acerca de eso. Y entonces el hombre añade que en el día de la transacción en la farmacia, no sólo él había estado allí, ¡sino que otras veinte personas podían ser testigos también del hecho!"

Al llegar a este punto de la parábola le dije a la hermana en Chefoo que por un lado estaba la palabra de la madre y la palabra de la madre no necesitaba testigos; por otro lado estaba la palabra del extraño quien tenía muchos testigos falsos. Entonces le pregunté a la hermana: "¿Qué creerá el hijo, las palabras de su madre que no necesitan prueba o las palabras del extraño que estaban llenas de evidencias falsas? Si su hijo regresara una vez más preguntando si nació de usted o fue comprado, ciertamente usted le diría, '¡Tú, hijito, eres realmente un necio!'

"De igual manera, hermana, hoy, ¡Dios le dirá que usted es una hija necia! Porque Él ha hecho a su Hijo su santidad, vida y victoria. Dios dijo y fue hecho. Aún más, Él lo ha dicho una y otra vez en su Palabra. Pero usted se pone ansiosa y dice: 'Algo anda mal, porque tengo pruebas de que no he vencido. Aunque Dios ha dicho que su Hijo es mi santidad, yo digo que tengo pruebas de que no tengo santidad.'

"Permítame preguntarle: ¿Cuál es la diferencia entre su comportamiento aquí y el del hijo de la parábola? Usted ha creído la mentira de Satanás llena de falsas evidencias y no ha declarado la Palabra de Dios. Si un hombre viniera a engañar a su hijo, le digo sin reservas que su hijo respondería con una sonrisa que la palabra de su madre es la más digna de confianza y que el extraño es un mentiroso. Y así su hijo avergonzaría al enemigo, pero glorificaría a su madre.

"Permítame decirle en este momento que si Satanás viene para hacerle sentirse fría, débil y derrotada, usted debe decir: 'Soy victoriosa, ¡porque Cristo es mi victoria!' Si viene para hacer que se sienta impaciente, todavía usted puede decir, 'Soy victoriosa, ¡porque Cristo es mi victoria!' Con esto usted declara que lo que Satanás hace y dice es una mentira, porque sólo la Palabra de Dios es verdad. Esto es fe y esa fe probada es la clase de fe que glorifica el nombre de Dios.

"Si usted confiesa con su boca que usted cree y sin embargo en el momento de la tentación regresa a casa llorando, ¿dónde está su fe? Esa fe es de corta duración, porque la fe genuina debe atravesar con éxito la prueba. Usted está derrotada si tan pronto como se encuentra con la tentación admite que no tiene victoria."

Cuando llegue la tentación, usted se levantará victorioso si declara que la Palabra de Dios, la Palabra de Jehová de los ejércitos, es digna de confianza y es segura. Todo lo que Dios dice es sí y amén y permanece en los cielos para siempre. La cuestión ahora es, ¿la palabra de quién creerá usted?

DONDE HAY FE, MOVEMOS MONTAÑAS

A otra hermana que tenía un problema similar le dije que debemos tener la fe que mueve montañas (véase Mt 17:20; 21:21; Mr 11:23; 1 Co 13:2). Lo que sucumbe a la tentación no es fe. ¿Qué quiere decir fe que mueve montañas? Una fe que es firme y persistente se llama fe que mueve montañas. Esa fe no es bloqueada por ningún obstáculo. Donde existe tal fe, la dificultad se va. La montaña y la fe no pueden coexistir. O la montaña es quitada del medio o lo es la fe. Las pruebas tienen el propósito de mover la montaña. Por lo tanto, el asunto ahora no es con relación a las pruebas, sino más bien con relación a lo que debe ser quitado, ¿la montaña o la fe? ¿creemos en la palabra del extraño o en la Palabra de Dios? Lo que fracasa ante las pruebas no es fe genuina.

Una hermano declaraba que había cruzado el umbral de la victoria y sin embargo, no veía la victoria. Satanás le insinuaba que estaba engañado, que no había tal cosa como la victoria. Bien, si usted dice que está engañado, entonces está vencido, porque Dios actuará de acuerdo a lo que usted cree.

Recuerdo una ocasión en que yo estaba enfermo. Me encontraba en mi cuarto, en el piso de arriba de este mismo edificio donde estoy ahora. Un hermano me tomó la temperatura y el pulso. Tenía mucha fiebre y mi pulso estaba acelerado. Durante varias noches no pude dormir. Estaba cerca de las puertas de la muerte. Durante una noche en particular oré y a la mañana siguiente el Señor me dio una palabra. Me dijo que Él había escuchado mi oración y me guió a Romanos 8:11: "Y si el

Espíritu de aquél que levantó de los muertos a Jesús mora en vosotros, el que levantó de los muertos a Cristo Jesús vivificará también vuestros cuerpos mortales por su Espíritu que mora en vosotros." Pensé que seguramente esa noche dormiría bien. Ni me imaginaba que en realidad esa noche iba a ser aún peor. Al día siguiente el mismo hermano vino a tomarme la temperatura y el pulso. La fiebre estaba más alta y el pulso más acelerado que nunca. Satanás estaba obrando con mucha diligencia. Con gran rapidez me insinuó que la promesa de Dios había sido falsa. Porque Dios me había prometido que sería vivificado y sin embargo, no parecía que iba a vivir. Las palabras de burla de Satanás parecían razonables. Sin embargo, en ese momento, Dios me dio dos versículos más de las Escrituras. Uno era Jonás 2:8: "Los que siguen vanidades ilusorias, su misericordia abandonan". Esta fue la palabra que habló Jonás en el vientre del pez. Mis circunstancias externas eran vanidades ilusorias. El otro versículo era Juan 17:17b: "Tu palabra es verdad." Dios dice que su palabra es verdad; todas las demás palabras son mentira.

Si la Palabra de Dios es verdad, entonces mi temperatura febril, mi pulso acelerado y aun mis noches de insomnio eran todas vanidades ilusorias. Por tanto, di gracias a Dios de inmediato, declarando que la Palabra en Romanos 8:11 era todavía verdadera, mientras que mis síntomas eran falsos. Así creí y así declaré. Por la tarde, mi fiebre cedió y mi pulso disminuyó. Pude dormir esa noche. Esta es la prueba de la fe y la eliminación de la montaña.

LA FE GENUINA CREE ÚNICAMENTE EN LA PALABRA DE DIOS

¿Qué es fe genuina? La fe genuina cree en la Palabra de Dios exclusivamente. No cree ni en las experiencias propias ni en los sentimientos ni en los ambientes tenebrosos. Si el ambiente y la experiencia coinciden con la Palabra de Dios, alabamos y damos gracias al Señor. Pero si están en desacuerdo con su Palabra, entonces sólo la Palabra de Dios permanece verdadera. Todo lo que es contrario a la Palabra de Dios es falso. Satanás puede mandarle indirectas, diciendo: ¿Cómo puedes decir que tienes victoria? ¿Dónde está tu victoria si eres tan corrupto y débil como antes? Pero usted lo puede contradecir con esto: "Verdaderamente, todavía soy yo, nunca cambiaré, pero Dios dice que Cristo es mi santidad, mi vida y mi victoria." Aunque Satanás sugiera que usted es todavía corrupto y débil, la Palabra de Dios permanece verdadera. Cualquier cosa que el enemigo le susurre es falsa; ¡sólo la Palabra del Señor es verdad!

En Chefoo aprendí una lección. Un día, la señorita Elizabeth Fischbacher y yo estábamos orando especialmente por dones. Pedí el don de fe y ella pidió el don de sanidad. Oramos sólo durante quince minutos, creyendo que habíamos recibido los dones. Por la tarde fuimos a la reunión. La hermana Hu nos dijo que la hermana que vivía en la habitación debajo del salón de reuniones estaba trastornada mentalmente. Previamente había tenido brotes esquizofrénicos una o dos veces al mes, pero ahora daba a menudo señales de trastorno mental. La reunión terminó a las diez y media. Mientras regresaba a casa pensaba qué debíamos hacer con esa hermana. Después de despedirme del hermano que iba conmigo, recibí de inmediato una Palabra de Dios: "Para que sometida a prueba vuestra fe, mucho más preciosa que el oro, el cual aunque perecedero se prueba con fuego" (1 Pedro 1:7a). Y pensé: *Muy bien, la fe ahora tiene que ser probada.*

Así que al día siguiente fui a encontrarme con la hermana Fischbacher. Hubiera podido tratar con el caso yo solo, pero ya que ayer ella había recibido el don de sanidad y yo había recibido el don de fe, debíamos ahora ponerlos en uso. Cuando la hermana Fischbacher oyó mi invitación, se quedó algo sorprendida. Dijo que iba a orar acerca del asunto. Después de orar decidió ir conmigo. Cuando llegamos, la paciente acababa de quedarse dormida. Así que el médico, el doctor Shih, sugirió que esperáramos hasta que se despertara, pero añadió que hablando humanamente era un caso sin esperanza.

Ahora sucedía que la hermana Fischbacher tenía que abordar un barco que salía a las once y treinta. Tuvimos que esperar hasta las diez y cincuenta para poder entrar. Hablé unas pocas palabras a la paciente. Noté que su pelo comenzaba a erizarse, lo cual indicaba que se iba a poner furiosa. Pero gloria y gracias a Dios, oré por uno o dos minutos y el Señor me dio fe. Mientras la fe crecía en mí, comencé a alabar a Dios. En ese momento supe que ella se pondría bien. La hermana Fischbacher también oró unas pocas palabras y también tuvo fe. Así que también alabó a Dios. Dos hermanos y una hermana que nos acompañaron también oraron, pero evidentemente no estaban en el fluir del Espíritu Santo. Era ya hora de que la hermana Fischbacher se fuera, así que salimos para despedirla.

Cuando regresé del muelle para ver a la paciente, estaba llorando, riendo y armando un escándalo terrible. Después de un rato, se desmayó. Nadie sabía qué hacer. En ese mismo momento es que supe lo que significaba que la fe fuera probada. El doctor Shih me llevó fuera de la habitación y me sugirió que orara de inmediato porque él como médico no podía hacer nada. Le dije que no había necesidad de orar. Sonriente desafié a Satanás a que hiciera lo mejor que podía. La paciente estaba furiosa y yo parecía furioso también. Ella estaba armando un escándalo *dentro* de la habitación y yo estaba asaltando al infierno *fuera* de la habitación. Ella *rabió* durante tres horas y media mientras yo *sonreía* durante tres horas y media. Durante ese período, mi fe realmente se agigantó. Había una reunión a las cuatro a la cual yo tenía que asistir. Cuando me fui, le dije al doctor Shih: "No se preocupe, ni piense en hacer nada. Deje que Satanás agote su poder. Lo que Dios dice, es así. Porque el Señor nunca nos juega una mala pasada."

Por la noche, el doctor Shih me dijo que la paciente estaba mejorando. A la mañana siguiente, el doctor Shih me dijo que estaba casi normal. Yo sabía, sin embargo, que ella iba a vociferar y delirar otra vez porque la fe de unos pocos hermanos tenía ahora que ser probada.

Por la tarde, vociferó y deliró otra vez. El doctor Shih vino y me preguntó qué debía hacerse. Me arrodillé a orar, pero no recibí ninguna palabra y mi fe no pareció agigantarse. En ese momento, Satanás estaba extremadamente ocupado. Burlonamente, el enemigo me insinuó: "¿Por qué no sonríes otra vez? Sonreíste ayer; ¿por qué no sonríes hoy?" Parecía que había perdido mi fe. Pero gracias y gloria a Dios había una voz dentro de mi diciendo: "Tu sentimiento cambió de ayer a hoy porque podías sonreír ayer, pero hoy te sientes como congelado. Sin embargo, yo el Señor no he cambiado." Y pensé: *En realidad, tú no has cambiado.* De inmediato prorrumpí en alabanza: "Señor, tú no has cambiado." Ayer yo creí en la Palabra de Dios; sin embargo, mi sonrisa no hacía que Dios fuera *más digno de confianza*. Hoy mis sentimientos estaban congelados; sin embargo, esto tampoco hacía que la fidelidad de Dios fuera menos digna de confianza. Por consiguiente, le di gracias al Señor y no oré más.

Por la noche, el doctor Shih me informó que de acuerdo con el diagnóstico médico, la paciente podía declararse completamente recuperada. Al día siguiente, hasta el color de su rostro había mejorado. Aleluya, la Palabra de Dios es digna de confianza. Esa fue la prueba de la fe.

¡Cuánto esperamos ver un resultado tan pronto como creemos! Queremos experimentar victoria en el mismo momento que creemos. Pero permítame preguntarle si usted puede creer en Dios por tres horas, tres días, aun tres meses. Si usted no puede creer en Él por tres horas, tres días o tres meses, ¿dónde está su fe? "Él que creyere, no se apresure" (Is 28:16b).

Una noche el Señor mandó a sus discípulos a cruzar el Mar de Galilea. De repente, se levantó una gran tormenta de viento y las olas golpeaban tanto el barco que este se estaba llenando de agua. El Señor Jesús estaba en la popa, dormido sobre un cabezal. Los discípulos lo despertaron y le dijeron: "Maestro, ¿no te importa que perezcamos?" El Señor se levantó y reprendió al viento. Pero ¿qué les dijo a los discípulos inmediatamente después? En el Evangelio según San Marcos, se registra a Jesús diciendo: "¿Cómo no tenéis fe?" (4:40). En el Evangelio según San Mateo dice: "Hombres de poca fe" (8:26). Esto indica que muchas oraciones precipitadas no son nada más que una expresión de incredulidad. Si hubiera fe, usted permanecería firme. El Señor le ordena que cruce al otro lado; Él no le ha mandado ir al fondo del lago. Porque Él ha dado la orden, ya no importa lo fuerte que sople el viento o cuán alto batan las olas, el barco *no puede* hundirse. Las personas que tienen muy poca o ninguna fe se esconden tan pronto se enfrentan con obstáculos. Con la fe *genuina*, usted puede encontrarse con la prueba de frente y permanecer de pie. La fe pequeña se esconde de la prueba, mientras que la fe grande se mantiene firme frente a la prueba. La fe que es falsa se desploma ante la prueba, pero la fe que es genuina permanece en pie a través de toda la prueba.

PERMANEZCA DEL LADO DE LA FE

En una ocasión una persona comenzó a reñirme severamente. Cuanto más yo soportaba, tanto más me reñía. Le pedí a Dios en ese momento: "Dios, por favor, dame rápido la paciencia y la fuerza que necesito para poder soportar; sino muy pronto perderé los estribos." Si esto me sucediera otra vez hoy día, no sólo no tendría temor, sino que también podría decir con una sonrisa: "Satanás, puedes usar a esa persona para reprenderme todavía más. Pero mira a ver si puedes enojar al Cristo que está en mí." No odiaré a la persona que me insulta; puedo aun amarla. Y si esto es así, ¿qué puede entonces hacer el enemigo? Gloria y gracias a Dios, la victoria es Cristo, no yo. Si fuera yo, sólo podría soportar hasta un punto y luego explotaría. Pero si es Cristo, ninguna tentación será demasiado para Él, ni ninguna prueba será demasiado difícil para Él. Permanezca del lado de la Palabra de Dios, permanezca del lado de la fe y Satanás quedará inutilizado. Puesto que el Señor nos ordena a pasar al otro lado, al otro lado iremos. No porque *nuestra palabra cuenta, sino porque la* Palabra de Dios es digna de confianza, porque Él es fiel para siempre.

En conclusión, permítame preguntarle si usted está atemorizado por uno o dos de sus viejos pecados. Me imagino que debe tener un problema como ese. Pero le preguntaré aun más: cuando el Cristo que vive en usted permite que usted sea probado, ¿quién es el que en realidad está siendo probado? Permítame decirle que cada vez que una prueba de fe viene a su camino, entienda que no es usted el que es probado, es el Señor. Cuando su fe está siendo probada, es el Hijo de Dios el que está siendo probado; es la fidelidad de Dios y no la suya la que está siendo probada. Porque cualquier prueba que descienda sobre usted es para probar lo que Cristo puede hacer. Cada prueba demuestra la fidelidad de Dios. Permaneciendo del lado de Dios y su Palabra, permaneciendo en contra de sus sentimientos y del ambiente, usted tendrá fe, y podemos llamar a esto verdadera victoria. Satanás dice que usted todavía es impuro, pero usted puede decir: Cristo es mi santidad. Satanás dice que usted todavía es orgulloso, pero usted puede decir: Cristo es mi humildad. Satanás dice que usted todavía está derrotado, pero usted puede decir: Cristo es mi victoria. No importa lo que diga el enemigo, su respuesta es y siempre será que Cristo es digno de confianza y la Palabra de Dios segura. Esto es fe; esto confirma la veracidad de la Palabra de Dios. ¡Aleluya, Cristo triunfa, Dios es fiel todavía, y su Palabra permanece enteramente digna de confianza!

Recuerde que la prueba de la fe no será larga. Durante el período cuando cruce por primera vez el umbral de la victoria, usted será particularmente probado. Sin embargo, una vez que su fe ha sido probada, usted será capaz de ayudar y beneficiar a otras personas. El corazón de Dios estará satisfecho y su nombre será glorificado. La boca de Satanás será sellada y no podrá hacerle nada a usted. Gloria al Señor, ¡la Palabra de Dios es digna de confianza! Gracias a Dios, que cuando usted permanece delante de Él, nada podrá permanecer delante de usted. Cuando usted permanece firme en la fe, no hay montaña que no sea movida, porque la fe tiene el propósito de mover montañas. Si hay una montaña en su camino, no dude que será quitada del medio.

8

Crecimiento

Santifícalos en tu verdad; tu palabra es verdad.
Juan 17:17

Antes de seguir adelante con nuestra exposición, revisemos lo que hemos cubierto hasta ahora. Hemos visto que nuestra experiencia es de continua derrota, pero que la vida que Dios ha ordenado para los cristianos es muy superior a nuestra experiencia. Porque la vida victoriosa que nos da Dios es Cristo. Nuestros propios métodos de supresión, lucha, oraciones y demás cosas no nos traen ningún buen resultado. También hemos visto que de las cinco características de la naturaleza de la vida victoriosa la más básica es el *canje*, no el cambio. La manera de entrar en esta vida es muy simple: rendirnos, lo cual significa que entregamos el control de nuestra vida a Dios; y creer. Dios declara que su gracia es suficiente para nosotros; por lo tanto, *es* suficiente. Dios declara que Cristo es nuestra vida; por lo tanto, Él *es* nuestra vida. Dios declara que Cristo es nuestra santidad; por consiguiente, Él *es* nuestra santidad. Después explicamos más ampliamente lo que significa abandonarnos a su voluntad. También mencionamos que creer no es otra cosa que confirmar lo que Dios ya ha hecho. Tal fe, sin embargo, tiene que atravesar pruebas.

Ahora trataremos el asunto del crecimiento en relación a la victoria. ¿Cómo es que crecemos realmente? Quizás después de haber recibido los mensajes anteriores podemos concluir que, habiendo cruzado el umbral de la victoria, nuestra vida ha alcanzado su cumbre máxima y ya no le podemos añadir más nada. Es a causa de esta conclusión errónea que debemos entender qué es lo que tenemos que hacer a diario una vez que hemos obtenido victoria en nuestra vida.

1. Vencer el pecado que nos enreda. Muchos cristianos después que han cruzado el umbral de la victoria, no saben cómo mantenerla; así que vuelven a caer. Ante todo, después que un cristiano ha obtenido la victoria, debe esperar a que Dios lo libere de ese pecado en particular que siempre lo enreda y lo estorba (véase Hebreos 12:1). Nadie que haya cruzado el umbral puede continuar con ese pecado en particular. El Señor ya lo ha liberado. Él es su vida que triunfa. Por lo tanto usted debe orar: "Dios, te doy gracias y te alabo, la victoria de Cristo es mi victoria. La santidad de Cristo es mi santidad." Porque es Cristo el que vive en usted. Si usted tiene un mal carácter, su mal carácter ya se fue. Si usted se encuentra luchando en contra de la incredulidad o la charlatanería o cualquiera de las ocho clases de pecado que mencionamos antes, usted debe esperar que Dios los va a eliminar. Tan pronto como usted ingresa a la vida victoriosa, usted debe decirle al Señor: "Señor, yo espero que tú vas a vencer ese pecado específico."

Desde luego, debemos ocuparnos de muchos de nuestros pecados. Por ejemplo, si usted ha pecado contra alguien o contra su hermano, usted debe dirigirse a él y disculparse. Antes usted no tenía el valor de pedir disculpas, ahora tiene las fuerzas para hacerlo. O usted puede estar atado a cierta cosa del pasado, pero ahora, porque Cristo vive en usted hay liberación. De ahí que tan pronto como obtenemos la vida triunfante, todos debemos esperar que Dios nos liberará de pecados específicos de nuestro pasado. Si usted permite que esos pecados específicos permanezcan en su vida, no sólo los hermanos y hermanas no creerán que usted ha vencido, sino que hasta usted mismo lo dudará. Antes de recibir la vida triunfante, usted no tenía fuerzas para pelear; pero ahora que posee esa vida, usted tiene la fuerza para vencer. Ahora usted tiene fe para triunfar.

En Chefoo, algunos misioneros me preguntaron esto: ¿no habrá más luchas una vez que obtengamos la victoria? Mi respuesta fue: ¿usted pelea *hacia la victoria o pelea desde* la victoria? Si usted pelea *hacia* la victoria, nunca tendrá éxito. Pero si usted pelea *desde* la victoria, usted está en el camino correcto.

Muchas personas luchan continuamente y con gran esfuerzo para obtener la victoria, pero por lo general terminan en derrota. Porque la victoria no se obtiene a través de los propios esfuerzos del hombre; la victoria depende completamente de Cristo y es plenamente dada por Dios. Usted ha creído que el Señor es su santidad, perfección y victoria. Consecuentemente, todos esos pecados deben desaparecer: "Toda planta que no plantó mi Padre celestial, será desarraigada" (Mt 15:13).

Hablando con un hermano acerca de este tema usé un ejemplo: "Imagine que usted compra un terreno y el vendedor le da una escritura que especifica el largo y el ancho de la propiedad. Cuando usted va a asumir la propiedad del terreno, se entera de que unos vagabundos habían insistido en construir una choza en su propiedad para vivir allí. ¿Qué hará usted ahora? Usted sacará a esos vagabundos en base a lo que está declarado en la escritura. Exactamente igual es nuestra lucha con el pecado. No peleamos por medio de nuestro poder; peleamos por la autoridad que Dios nos ha dado. Es verdad, la Biblia dice que debemos pelear, pero dice que peleamos con fe. Cuando la Biblia dice que debemos vencer al enemigo, significa que vencemos por fe. Resistimos al diablo con 'el escudo de la fe' (Ef 6:16a)."

Permítame preguntarle: ¿Incluyó usted su mal carácter en la vida de Cristo? Su incredulidad, charlatanería o cualquiera que sea el pecado específico que lo enreda, ¿pertenece a la vida de Cristo? Usted y yo sabemos que esos no le pertenecen a Él. Puesto que no le pertenecen a Cristo, usted puede ordenarles que se vayan. Si usted piensa resistir hasta obtener la victoria, usted invariablemente fracasará. Si usted usa su propia fuerza para pelear para obtener la victoria, también fracasará. Pero si usted resiste y pelea porque ya tiene la victoria, usted siempre prevalecerá. De ahí que la pregunta más importante es: ¿pelea usted hacia la victoria o pelea desde la victoria? En caso de que usted peleé desde la victoria, usted orará: "Dios, ¡te doy gracias y te alabo porque Cristo ya ha vencido! Puesto que Él ha vencido, todos esos pecados serán echados fuera." Todos los cristianos, una vez que han cruzado el umbral de la victoria, deben declarar que ese pecado específico debe salir porque Cristo es su vida. El pecado que lo enreda a usted es lanzado fuera con un pequeño empujón de fe y esto se llama victoria.

2. *Reconocer nuestra propia incapacidad y aceptar a Cristo como nuestro todo.* Su vida diaria debe ser igual a la del día que usted cruzó el umbral de la victoria. Cada mañana al levantarse ore: "Dios, estoy delante de ti tan incapaz y débil e igual que antes. Pero, Dios, te doy gracias porque todavía eres mi vida, mi santidad y mi victoria. Creo que durante todo el día que tengo por delante tú vivirás tu vida en mí. Te alabo y te doy gracias, porque todo es por tu gracia, todo es hecho por tu Hijo." Sin embargo, hay algunas cosas a las cuales usted necesita prestar atención y son las que tratamos a continuación.

DOS CLASES DE TENTACIONES Y CÓMO TRATAR CON ELLAS

Recordemos al hermano que mencioné antes que había sido lanzado de su bicicleta mientras iba a su casa después de la reunión. Sucedió que él no estaba ni siquiera pensando en perder los estribos. Pero lo que le sucedió fue tan repentino que no le dio tiempo a pensar. Por consiguiente, permítame observar que las tentaciones que encontramos a diario pueden ser de dos clases: una es la que nos asalta de repente y no nos da tiempo a nada; la otra es la que se acerca lentamente a nosotros a través de sugerencias progresivas. La primer clase de tentación no nos da tiempo a reflexionar; la segunda nos da tiempo para evaluar la situación. Estamos de acuerdo que es más fácil vencer la tentación cuando tenemos tiempo para pensar. Es sin duda más difícil vencer la tentación que *no nos da tiempo a reflexionar*. En vista de esto, una vez que hemos cruzado el umbral de la victoria, necesitamos orar con relación a estas dos clases de tentaciones cada mañana; de otra manera, caeremos.

En primer lugar, debemos decirle al Señor: "Señor, líbrame de las tentaciones que no me dan tiempo para reflexionar para que yo no caiga en pecado." El Señor nos capacitará para vencer tales tentaciones inesperadas. Esa oración es la más preciosa. Ha libertado a muchas almas.

No tenemos tiempo de considerar todo el capítulo cinco de Romanos; simplemente comentaré un poco acerca de él aquí.

Romanos 5:12-19 nos enseña que nuestra unión con Cristo es similar a nuestra unión con Adán. Anteriormente, pecábamos porque estábamos unidos a Adán; ahora practicamos la justicia porque estamos unidos a Cristo. Por ejemplo, ¿cuántos de nosotros necesitamos esforzarnos para poder explotar? Ninguno, obviamente, porque todos sabemos que nuestro genio se enciende tan pronto como es tocado por la más mínima provocación. Debido a la unión con Adán, el perder los estribos es lo más natural. Nuestra unión con Adán trae como resultado que pecamos sin necesitar ninguna resolución o esfuerzo de nuestra parte para lograrlo. Sin embargo, esto es también cierto con respecto a la vida en Cristo que Dios nos ha prometido. Usted debe decirle al Señor: "Así como estaba antes unido con Adán de tal manera que podía pecar sin ninguna determinación o consideración, así hoy estoy en Cristo para poder ser paciente, amable y todo lo demás sin ninguna determinación, consideración o resistencia de mi parte. Señor, aunque no tenga tiempo de reflexionar, sin embargo, te alabo y te doy gracias que mi unión con Cristo es tan profunda como era esa unión con Adán. Así pues, cuando la tentación venga a mí hoy, aun si no tengo tiempo de reflexionar o resistir, tú ya has manifestado tu amabilidad, santidad y victoria a través de mí."

Si usted está delante de Dios en esa posición, podrá vencer a esa primer clase de tentaciones. Cuando se levante en la mañana, crea que Dios le librará de las tentaciones que no le dan tiempo a pensar. Cada mañana crea que Cristo vivirá su victoria en usted aunque usted no esté consciente de ello. El asunto entonces se reduce a una cuestión de fe. Todos los hechos de Dios se convertirán en su experiencia si usted cree.

En segundo lugar, con relación a la otra clase de tentaciones que no nos asaltan repentinamente, sino más bien lenta y persistentemente, ¿qué debe hacer? No las resista, simplemente ignórelas. Toda la cuestión está centrada en Cristo. Usted no ha cambiado; usted todavía es débil y no tiene poder para resistir. Usted no puede ni podrá. Usted simplemente levante su cabeza y mire al Señor en oración reconociendo que Él puede porque Él no es débil, sino todopoderoso en usted. Permanezca en esta posición y la tentación huirá. Cuando usted trata de luchar y resistir parece que la tentación no quiere dejarlo. Pero cuando usted dice que no puede pero que Dios sí puede, cuando usted se gloría en el poder de Él tanto como en la debilidad suya, la tentación de inmediato desaparece.

EL JUSTO POR LA FE VIVIRÁ

Algunos hermanos han preguntado si nunca más pecarán una vez que hayan cruzado el umbral de la victoria. Mi respuesta es, finalmente llegaremos a ese lugar, pero todavía tenemos la posibilidad de pecar. ¿Qué clase de vida nos muestran las Escrituras? Nos revelan el hecho de que la vida cristiana es una vida de fe: "el justo por la fe vivirá" (Romanos 1:17b).

Hay dos reinos ante nosotros: uno es el mundo físico, el otro es el mundo espiritual. Con nuestros cinco sentidos, vivimos en el primero; con nuestra fe vivimos en el segundo. Cuando usted se mira a sí mismo desde su propia perspectiva, usted inmediatamente reconoce que todavía es un pecador, impuro y orgulloso, como el resto del mundo. Pero cuando se mira a sí mismo en Cristo con los ojos de la fe, se da cuenta de que su genio explosivo y su dureza se han ido. El problema es que usted debe elegir diariamente entre esos dos reinos. Nosotros los seres humanos somos racionales, emocionales y volitivos en nuestra constitución. Nuestra voluntad es libre para escoger cualquiera de esos dos mundos y el que escojamos será el mundo en que viviremos. Si usted confía en sus cinco sentidos y por consiguiente vive en el mundo físico, usted manifestará ese mundo en su vida. Pero si por fe vive en el mundo espiritual, usted expresará en su vida el mundo espiritual. En otras palabras, cuando usted está gobernado por su mente, sus sentimientos y su propia voluntad, usted vive en Adán; pero cuando está gobernado por su fe usted vive en Cristo. Usted está dividido entre estas dos polaridades: si confía en sus sentimientos, usted vive en Adán, pero si depende de la fe, usted vive en Cristo. Y cuando usted vive en Cristo, todo lo que está en Él se convierte en su experiencia.

La Biblia no enseña la doctrina de la erradicación del pecado. Sin embargo, de acuerdo con la obra de Dios y provisión y mandamiento, ningún creyente debe practicar el pecado. Debemos manifestar a Cristo y ser más que vencedores diariamente. No obstante, en el momento en que vivimos guiados por nuestros sentimientos, caemos. Debemos vivir en cambio día a día por fe y así confirmaremos todo el poder que está en Cristo.

RESTAURADOS POR LA SANGRE INMEDIATAMENTE DESPUÉS DEL FRACASO

Si desafortunadamente fracasamos, ¿qué debemos hacer? Debemos venir de inmediato ante Dios y poner nuestro pecado bajo la preciosa sangre de Cristo. En seguida podremos mirar al cielo y decir: "Dios, te doy gracias y te alabo. Tu Hijo es todavía mi vida y mi santidad. Y tu Hijo vivirá su vida victoriosa a través de mí." Podemos ser restaurados en unos segundos. No tenemos que esperar cinco minutos o una hora. A menudo, Dios ya nos ha perdonado y limpiado de nuestros pecados. Sin embargo, a menudo pensamos que debemos sufrir y ser castigados un poco más para que nuestro pecado se pueda limpiar mejor. Este pensamiento equivocado nos causa problemas. Es vivir todavía de acuerdo a nuestros sentimientos, lo cual significa que seguimos viviendo en Adán.

Quizás alguien pregunte si después de la victoria hay todavía fracasos que requieren la limpieza de la preciosa sangre. En vista de esta pregunta necesitamos primero averiguar cuál es la diferencia entre el tiempo antes y el tiempo después de entrar en la vida victoriosa. ¡Permítame decir que hay una vasta diferencia! Antes que usted cruzara el umbral de la victoria, su vida era una vida derrotada. Tal vez usted había tenido una que otra victoria, pero la derrota era la norma. Al cruzar el umbral, sin embargo, su vida se convirtió en una vida victoriosa. Tal vez usted fracase algunas veces, sin embargo, usted es siempre victorioso. Antes había más derrotas, menos victorias; ahora sin embargo, hay menos derrotas, más victorias. Anteriormente la derrota era la regla. Usted estaba siempre enojado, sus pensamientos eran siempre impuros, su actitud era siempre dura y su naturaleza era siempre celosa. Usted estaba por lo general atado por esos pecados y la victoria le era algo extraño. Pero ahora que usted ha obtenido la victoria, sus fracasos son poco frecuentes. Aun cuando usted fracase hoy, usted no está atado permanentemente por ese pecado.

Antes de la victoria, usted estaba perplejo después de haber fracasado porque no sabía cómo ser restaurado a la comunión y a la luz de Dios. Parecía que tenía que escalar mil peldaños, que era más de lo que usted podía hacer. *Después* de la victoria, sin embargo, usted puede ser restaurado en unos segundos después de una derrota. No bien usted confiesa su pecado, al instante es limpiado por la preciosa sangre de Cristo y de inmediato puede dar gracias y alabar a Dios porque Cristo vive su victoria a través de usted una vez más. Y esa es la diferencia entre las dos.

CÓMO MANTENER UNA BUENA RELACIÓN DIARIA CON CRISTO

"Y este es el testimonio: que Dios nos ha dado vida eterna: y esta vida está en su Hijo. El que tiene al Hijo, tiene la vida; el que no tiene al Hijo de Dios no tiene la vida" (1 Jn 5:11,12). ¿Cómo nos da Dios esta vida triunfante? Nos la da en el Hijo. No puede haber vida victoriosa sin el Hijo. Todo el que tiene al Hijo de Dios tiene la vida; todo el que no tiene al Hijo de Dios no tiene la vida. No es sólo que Dios nos da vida; Él nos da esta vida *en el Hijo*. Para recibir esta vida que triunfa, recibimos al Hijo de Dios, no es que simplemente recibimos vida. Por esta razón, cada vez que hay tensión en nuestra relación con Cristo, tenemos un problema. En el momento en que dudamos de la fidelidad de Cristo y su promesa, fracasamos en nuestra vida. Dios no nos ha dado paciencia, gentileza y humildad; Él en cambio nos ha dado todo esto en su Hijo. Si nuestra relación con el Hijo de Dios es anormal, nuestra victoria se pierde al instante. Por lo tanto, necesitamos mantener una buena relación diaria con Cristo.

Digamos al Señor cada día: "Señor, tú eres la cabeza y yo soy parte de tu cuerpo. Tú eres mi vida y mi santidad." Si comienza a mirarse a sí mismo, perderá de vista esas realidades. Pero si sus ojos permanecen fijos en Cristo, usted tendrá todos esos hechos como experiencia. Y esto es en lo que consiste la fe. Usted no puede mantenerse aferrado a la santidad, la victoria, la paciencia y la humildad fuera de Cristo. Pero *teniendo* a Cristo, usted *tiene* santidad, victoria, paciencia y humildad. Un proverbio chino dice: "Cuida de la montaña verde y no te faltará madera para combustible." Hablando en forma figurada, Dios no nos ha dado madera; Él nos ha dado nuestra montaña verde que es Cristo. Mientras esta montaña exista, la provisión de madera de santidad, paciencia y lo demás existirá naturalmente y será nuestra. En consecuencia, creyendo en el Hijo de Dios que vive en nosotros, tenemos todas estas cosas en nuestra experiencia diaria. La razón principal de la derrota de muchos cristianos es porque viven según sus sentimientos en vez de vivir por fe.

Si hay derrota, no es porque la experiencia pasada no sea digna de confianza, sino porque falta fe. Nunca acepte el pensamiento de que *tenemos* que fracasar después de la victoria. *Antes* de la victoria teníamos que fracasar. Dios permitió que fracasáramos y nos hundiéramos para que pudiéramos conocer nuestra impotencia. Pero *después* que conocemos la victoria, el fracaso no es necesario. *En Adán,* nos sentimos fríos, sin vida, duros e impuros; y en realidad somos lo que *sentimos.* Hoy *en Cristo*, sin embargo, declaramos que *tenemos* santidad, bondad y victoria; y por consiguiente tendremos todas estas cosas como parte de nuestra experiencia.

CÓMO CRECER AL VER LA VERDAD Y ACEPTAR LA GRACIA

Veamos ahora qué es verdadero crecimiento. *Debemos* crecer después que tenemos victoria. Sin embargo, algunos pueden jactarse de que todo está bien ahora que han obtenido la victoria. Tal vez ellos en realidad tengan la victoria. Sin atravesar la puerta, uno no puede andar por el camino. Pero deben saber que sólo han cruzado el umbral, que es como si sólo hubieran atravesado la puerta. Sólo después de la victoria existe la posibilidad de avanzar y crecer. Sin embargo, sólo podemos manifestar victoria sobre los pecados que ya conocemos, no sobre los pecados que ignoramos. De ahí que, con respecto a esos últimos, el crecimiento es absolutamente necesario.

Con respecto a los pecados específicos que usted ya conoce, supongamos que tiene mal carácter. Una vez que ha conocido la victoria que es en Cristo, su paciencia ha llegado a ser perfecta. Ya no podría ser mejor. ¿Y por qué? Porque esta paciencia perfecta es Cristo mismo impartido a usted. La paciencia que tiene ahora es exactamente la misma paciencia que Cristo mostró en los treinta y tres años y medio que caminó sobre la tierra. A menos que su paciencia sea falsa, la verdadera paciencia es Cristo su paciencia; por lo tanto, su paciencia actual no podría ser más paciente de lo que ya es. Y así usted ha manifestado la victoria de Cristo sobre este pecado específico que usted conocía.

Sin embargo, todavía hay pecados de los cuales no está consciente y la victoria en Cristo no ha sido manifestada sobre esos pecados. Por lo tanto, necesitamos la palabra de Juan 17 con relación a esos pecados: "Santifícalos [a los seguidores de Cristo] en tu verdad" (v. 17a). Por un lado está 1 Corintios 1:30 que nos dice que "Cristo Jesús . . . nos ha sido hecho por Dios sabiduría, justificación, santificación y redención"; por otro lado, en Juan 17:17a: "Santifícalos en tu verdad." Lo que nos da la santidad es Cristo; lo que expande nuestra *capacidad* para la santidad es la verdad. ¿Quién entiende toda la Biblia? Nadie. Todos la vamos entendiendo gradualmente. La verdad nos dice lo que es bueno y lo que es malo. Así que muchas cosas que previamente no sabíamos que eran pecaminosas, hoy las consideramos así. Cosas en nuestra vida que no considerábamos como pecado hace dos semanas, ahora nos damos cuentas que *son* pecaminosas. Aun cosas en el pasado lejano que pensábamos que eran buenas, hoy las miramos como pecaminosas.

¿Por qué existe esta diferencia entre en el presente y el pasado? Porque cuanto más entendemos la verdad tanto más pecados descubrimos. Y cuanto más pecados descubrimos en nuestra vida, tanto más necesitamos a Cristo como nuestra vida misma. Así que mientras la capacidad para descubrir los pecados aumenta, la necesidad de tener a Cristo también aumenta más y más. Día tras día leamos la Palabra de Dios cuidadosamente para que podamos conocer lo que es pecaminoso. Cuanto más pecados decubrimos, tanto más le pediremos a Dios que nos muestre cómo Cristo es nuestra victoria y provisión en esos aspectos. En consecuencia, la luz de la verdad es absolutamente esencial para nuestro crecimiento, porque la luz de la verdad expondrá nuestras muchas faltas y nuestra inutilidad. A medida que la luz de la verdad revela nuestra verdadera situación, nuestra capacidad aumenta. Y mientras mayor la capacidad, más asimilaremos de Cristo para que sea nuestra vida misma.

Me gusta mucho lo que dice en 2 Pedro 3: "creced en la gracia y el conocimiento de nuestro Señor y Salvador Jesucristo" (v. 18a). Este es el único lugar en toda la Biblia donde se menciona algo acerca del crecimiento. Es un crecimiento en la gracia. Ningún creyente crece *hacia* la gracia, siempre es crecer *en* la gracia.

La gracia significa lo que Dios hace por mí. Así que "crecer en la gracia" significa que necesito que Dios haga más por mí. Él ha hecho ya cinco cosas por mí, sin embargo, hay tres cosas más que necesito que Él haga por mí. Al crecer mi necesidad, necesito que Dios haga más por mí. Esa es la relación entre la gracia y la verdad. La verdad señala mi necesidad y la gracia es la que la suple. La verdad me muestra lo que me falta y la gracia llena esa falta. Aleluya, Dios es no sólo la verdad, ¡Él es también la gracia! Las personas en la época del Antiguo Pacto siempre fracasaban porque tenían la verdad, pero no la gracia. Tenían la ley, sin embargo, no tenían el poder para guardar la ley. Damos gracias y alabamos a Dios que "la ley por medio de Moisés fue dada, pero la gracia y la verdad vinieron por medio de Jesucristo" (Jn 1:17). Hoy día tenemos la verdad para revelar y la gracia para suplir.

De ahora en adelante usted puede venir a Dios y orar: "Dios, soy un eterno mendigo. Hoy vengo por causa de mi necesidad; mañana y pasado mañana vendré otra vez por causa de mi necesidad. Gracias, Dios, que todos los días tengo necesidad." Si usted viene a Él de esa manera, usted crecerá en la gracia. Una y otra vez usted ve su fracaso, así que una y otra vez usted le pide más a Dios. Usted reconoce que es un inútil, por tanto necesita que Él se haga responsable de usted. Tan pronto como usted está consciente de su falta, lo primero que usted hace es orar: "Dios, confieso mi pecado. Una vez más aprendo una lección. Nunca podré ser cambiado y no voy a tratar de cambiarme a mí mismo. Dios, te doy gracias, una vez más me glorío en mi debilidad. Te doy gracias, porque como tú eres poderoso, puedes quitar mi debilidad." Cada vez que usted se gloría de su debilidad, el poder de Cristo toma control de usted. Cada vez que usted dice que no puede, Dios manifiesta su poder. Haciendo esto de continuo, usted crecerá constantemente. Como hemos dicho, hay muchos pecados de los cuales no estamos conscientes, pero cuando los descubrimos a través de la verdad de la Palabra de Dios, debemos decirle a Dios de inmediato que hemos pecado y que necesitamos que Cristo viva su vida a través de nosotros. Permítame darle un testimonio en este momento. Cierta vez una persona me ofendió y yo en respuesta le dije unas palabras algo precipitadas. Yo sabía que no debía decir esas palabras, sin embargo, mi argumento fue que puesto que él me había perjudicado tan gravemente y no me había pedido disculpas, ¿por qué tenía que conducirme con él en una forma correcta? De todas maneras, Dios quería que le pidiera disculpas. Yo no odiaba a la persona que me había hecho el mal. En realidad, lo había perdonado. Sin embargo, todavía tenía que confesar mi pecado. Me imaginaba que yo no era tan malo, sin embargo, era incapaz de hacer lo que la luz de la verdad en Mateo 5 me revelaba que debía de hacer: "Amad a vuestros enemigos" (v. 44a). Pensaba que si podía amarlo a él, podía amar a cualquiera. Incluso le había escrito una carta en la que le había pedido disculpas por mis palabras. Ahora, sin embargo, me daba cuenta de que no podía amar. Así que no podía enviar esa carta. Ciertamente no le podía escribir hasta que no pudiera amarlo. Yo no lo odiaba, en realidad, lo había perdonado; pero no podía amar. Sólo Dios podía. Porque Dios dice que el amor es verdad; por tanto, no amar es pecado. Ahora yo quería vencer. Tenía que pelear la batalla de la fe. Así que le dije a Dios que a menos que Él me hiciera amar, yo no podía amar. Un día reconocí honestamente que no podía amarlo. Y al otro día dije que sólo Dios podía. Y ese día pude amarlo. Así que por un lado, la verdad dice que debemos amar; por el otro lado, la gracia nos da el poder para amar. Al tratar con asuntos como el que acabo de mencionar, algunas veces un simple segundo será todo lo que se necesita; en otras ocasiones, puede tomar varios días.

La señorita Fischbacher tenía una compañera de trabajo que continuamente la hostigaba con todo tipo de agravio. Cada vez que la hermana Fischbacher decía que había tal y tal cosa, ella decía que no había tal cosa; o si la señorita Fischbacher decía que no había tal cosa, esta compañera de trabajo decía exactamente lo contrario. Parecía que trataba con persistencia de desacreditar a la hermana Fischbacher delante de los hombres. Nuestra hermana trató de ser paciente con esta compañera, pero no sabía cómo resolver esta situación. Cada vez que la veía, le demostraba bondad palmeándola en el hombro o estrechándole la mano. Por fuera, todo parecía bien, pero por dentro algo andaba mal.

Un día la hermana Fischbacher leyó la verdad de 1 Pedro 1:22: "Habiendo purificado vuestras almas por la obediencia a la verdad, mediante el Espíritu, para el amor fraternal no fingido, amaos unos a otros entrañablemente, de corazón puro." Se dijo a sí misma que ella ni siquiera amaba a esa compañera, ¿cuánto menos podía amarla entrañablemente? Así que oró: "Dios, no tengo victoria sobre este asunto. He descubierto que es pecado. Tú dices que debo amar a mis hermanos entrañablemente, pero no puedo." Le pidió a Dios que la librara de este pecado. Ella no odiaba, sin embargo, no podía amar. Cada vez que se encontraba con su compañera, hacía lo mejor que podía para amarla, pero le era imposible.

Un día se encerró en su cuarto y confesó: "Dios, debo amarla, pero no puedo. Esto es pecado. Si no la puedo amar hoy, ¿qué me sucederá?" Oró durante tres horas hasta que el amor de Cristo llenó su corazón. En ese momento hasta hubiera podido morir por esa hermana. No sólo la amaba, sino que ahora la amaba entrañablemente. Con este amor entrañable en su corazón, oró por su compañera toda la noche. Al día siguiente por la tarde, después del trabajo, la hermana Fischbacher oró por esta hermana otra vez. Y como resultado de sus oraciones, esta compañera de trabajo pudo obtener victoria y poder.

Ahora esto es un ejemplo de lo que significa Juan 17: "santifícalos en tu verdad" (v. 17a). Esto es lo que quiere decir crecer en la gracia. La verdad le hace ver el pecado y la gracia le da el poder para vencer ese pecado. No permita que una transgresión pase sin lidiar con ella una vez que la ha descubierto, porque así crecerá día a día en la gracia del Señor.

Había tres señoras inglesas que servían al Señor en el interior de China. Una estaba comprometida para casarse, mientras que las otras dos hicieron voto de permanecer solteras. Sin embargo, la hermana que estaba comprometida era la más infeliz de todas. Aunque su prometido le escribía a menudo, lo cual le daba consuelo, poco después se sentía deprimida. Hablando espiritualmente, ella bebía, pero al poco tiempo estaba sedienta otra vez.

Una día, estando en su habitación, se sintió terriblemente sola, así que comenzó a llorar. Las otras dos hermanas le preguntaron por qué se sentía tan sola. ¿Acaso su prometido no le estaba escribiendo con frecuencia? Si alguien debía sentirse solo, observaron, debían ser *ellas dos*. Después que dijeron estas palabras, regresaron a su habitación y comenzaron a sentirse muy solas y desamparadas también. Pensaron que tenían todo el derecho de *sentirse* así, puesto que estaban trabajando para el Señor en el interior de China ¡sin buenos alimentos y sin una buena vivienda! ¡Qué desafortunado que el pecado es tan contagioso!

De todas maneras, mientras continuaban perturbadas, recordaron la palabra del Señor a sus discípulos: "yo estoy con vosotros todos los días, hasta el fin del mundo" (Mt 28:20b). También recordaron la palabra del salmista que dijo: "En tu presencia hay plenitud de gozo; delicias a tu diestra para siempre" (Salmo 16:11). Con lo cual se arrodillaron y oraron: "Señor, es pecado sentirse solitario. Tú has dicho que estás con nosotros hasta el fin del mundo; por tanto, confesamos que sentirnos solitarias es pecado. Tú has dicho que en tu presencia hay plenitud de gozo y que a tu diestra hay delicias para siempre; por tanto, reconocemos que sentirnos solas y desamparadas es un pecado." Y en efecto, una vez que trataron con este pecado, el sentimiento de soledad nunca volvió a ellas. ¡Aleluya!

Cada día podemos descubrir un nuevo pecado o un nuevo fracaso en nuestra vida, sin embargo, diariamente hay provisión fresca de la gracia de Dios; "porque de su plenitud tomamos todos, y gracia sobre gracia" (Jn 1:16). Recibiremos y recibiremos otra vez de su gracia.

Una hermana que estaba trabajando para el Señor en la India se preocupaba mucho. Una día leyó Filipenses 4:6: "Por nada estéis afanosos, sino sean conocidas vuestras peticiones delante de Dios en toda oración y ruego, con acción de gracias." Ella vio que preocuparse era pecado y que no dar gracias también era pecado. Siempre que nos demos cuenta de que algo es pecado debemos venir al Señor y confesarlo; pero al mismo tiempo debemos confesar que el Señor vive en nosotros. Esto producirá crecimiento en nuestra vida.

La *naturaleza* de la victoria en Cristo es absoluta y no puede ser mejorada, pero el *alcance* de la victoria es siempre creciente. La luz que cada uno recibe varía. El que recibe más luz progresa más, mientras el que recibe menos luz crece menos. El que sabe más acerca de lo que es pecado recibe más de la provisión de Dios, mientras que el que sabe menos acerca de lo que es pecado recibe menos provisión de Dios.

Debemos entender nuestra relación con la verdad así como nuestra relación con la gracia. Ojalá que podamos estar delante de Dios todos los días diciendo: "Señor, no puedo ni podré. Te doy gracias y te alabo, Señor, porque no puedo." Debemos pedirle a Dios cada día luz y gracia. Aun cuando fracasemos ocasionalmente, podemos de inmediato ser restaurados en un instante. Si caminamos día a día de esa manera, ¿quién puede decir cuánto vamos a crecer? Porque todo es hecho en y por Cristo.

¡Aleluya, esta es la salvación perfecta! Dios nos guiará y caminaremos hacia adelante creciendo y progresando. Satanás no puede hacer nada. ¡Gloria al Señor, porque Cristo ya ha vencido!

9

La nota de victoria

Nosotros nos alegraremos en tu salvación, y alzare-
mos pendón en el nombre de nuestro Dios; conceda
Jehová todas tus peticiones.

Salmo 20:5

Pasadas estas cosas, aconteció que los hijos de Moab
y de Amón, y con ellos otros de los amonitas, vinieron
contra Josafat a la guerra. Entonces él tuvo temor; y
Josafat humilló su rostro para consultar a Jehová, e
hizo pregonar ayuno a todo Judá . . . ¡Oh Dios nues-
tro! ¿no los juzgarás tú? Porque en nosotros no hay
fuerza contra tan grande multitud que viene contra
nosotros; no sabemos qué hacer, y a ti volvemos nues-
tros ojos . . . Y dijo: Oíd, Judá todo, y vosotros mora-
dores de Jerusalén, y tú, rey Josafat. Jehová os dice
así: No temáis ni os amendrentéis delante de esta
multitud tan grande, porque no es vuestra la guerra,
sino de Dios . . . No habrá para qué peleéis vosotros
en este caso; paraos, estad quietos, y ved la salvación
de Jehová con vosotros. Oh Judá y Jerusalén, no
temáis ni desmayéis; salid mañana contra ellos, por-
que Jehová estará con vosotros. Entonces Josafat se
inclinó rostro a tierra, y asimismo todo Judá y los
moradores de Jerusalén se postraron delante de Jeho-
vá, y adoraron a Jehová. Y se levantaron los levitas
de los hijos de Coat y de los hijos de Coré, para alabar
a Jehová el Dios de Israel con fuerte y alta voz. Y
cuando se levantaron por la mañana, salieron al
desierto de Tecoa. Y mientras ellos salían, Josafat,
estando en pie, dijo: Oídme, Judá y moradores de
Jerusalén. Creed en Jehová vuestro Dios, y estaréis
seguros; creed a sus profetas, y seréis prosperados. Y

habido consejo con el pueblo, puso a algunos que
cantasen y alabasen a Jehová, vestidos de ornamentos
sagrados, mientras salía la gente armada, y que dije-
sen: Glorificad a Jehová, porque su misericordia es
para siempre. Y cuando comenzaron a entonar cantos
de alabanza, Jehová puso contra los hijos de Amón,
de Moab y del monte de Seir, las emboscadas de ellos
mismos que venían contra Judá, y se mataron los unos
a los otros . . . Y luego que vino Judá a la torre del
desierto, miraron hacia la multitud, y he aquí yacían
ellos en tierra muertos, pues ninguno había escapado
. . . Y al cuarto día se juntaron en el valle de Beraca;
porque allí bendijeron a Jehová, y por esto llamaron
el nombre de aquel paraje el valle de Beraca, hasta
hoy. Y todo Judá y los de Jerusalén, y Josafat a la
cabeza de ellos, volvieron para regresar a Jerusalén
gozosos, porque Jehová les había dado gozo librándo-
los de sus enemigos. Y vinieron a Jerusalén con salte-
rios, arpas y trompetas, a la casa de Jehová.

2 Crónicas 20:1,3,12,15,17-22,24,26-28

En los mensajes pasados, hemos visto cómo un cristiano puede ser victorioso y continuar creciendo en gracia. Ahora tenemos que examinar otro tema, la nota de victoria. Como todos sabemos, algunas veces las personas mientras están cantando pueden pronunciar las palabras correctas, pero hacerlo con la melodía equivocada. La vida triunfante tiene su propia nota y melodía. En nuestra vida de victoria en Cristo debemos tener tanto la nota correcta como la palabra correcta.

En el Salmo 20:5 la palabra "salvación" también se puede traducir como "victoria" y la palabra "triunfo" puede traducirse como "regocijo". Por consiguiente, este versículo puede leerse "Nos alegraremos en tu salvación" o "triunfaremos en tu victoria". En realidad, no hay diferencia entre salvación y victoria, porque son las dos fases de una misma cosa.

Quizás no entienda lo que quiero decir con la *nota* de victoria. Permítame ponerlo de otra manera diciendo que la victoria tiene su sello distintivo. ¿Cómo sabe usted que tiene victoria? ¿Cuándo sabe usted que tiene victoria? La respuesta nos lo dice el Salmo 20:5: "Nosotros triunfaremos en tu victoria."

SON DIFERENTES LA VICTORIA Y EL TRIUNFO AL OBTENER VICTORIA

¿Conocemos la diferencia entre la victoria y el triunfo al obtener la victoria? La victoria es lo que fue totalmente hecho por Cristo, mientras que el triunfo al obtener la victoria es lo que hacemos nosotros. La victoria es la obra de Cristo, pero el triunfo al obtener la victoria es nuestra obra. La victoria es la obra que prevalece; el triunfo al obtener la victoria es el gloriarse una vez que la victoria está asegurada. Por ejemplo, cuando era joven a menudo jugaba criquet. La bola era muy pesada y las manos me dolían después de jugar un rato. En un partido que duraba cerca de una hora jugábamos y sudábamos golpeando la bola a través de los pequeños arcos hasta que, si todo iba bien, ganábamos. Cada vez que el equipo de nuestra escuela ganaba, nuestros compañeros estudiantes ondeaban sus sombreros, sus pañuelos y gritaban de alegría. Y esto podía llamarse el triunfo al obtener la victoria. El *equipo* de la escuela había ganado la victoria, pero nuestros *compañeros estudiantes* en la escuela triunfaban al haber sus compañeros obtenido la victoria. De igual manera, en el ámbito espiritual, ¡podemos dar gracias a Dios que la victoria es totalmente obtenida por Cristo! Nosotros no hemos derramado nada de sangre; sin embargo, *nosotros* podemos triunfar en la victoria obtenida por Cristo.

Todo cristiano triunfa en la victoria una vez que obtiene la victoria en Cristo. Si no hay aleluya, sino sólo una fuente de lágrimas, entonces no puede haber triunfo por la victoria obtenida. La nuestra es una nota gozosa por causa de la salvación del Señor. Triunfamos en su victoria. Cuando ganamos el partido de criquet, le dimos la victoria a la escuela para que nuestros compañeros estudiantes pudieran triunfar en ella. De la misma manera, nuestro Señor mismo ha vencido y Él nos ha dado esa victoria para que triunfemos en ella.

Gritemos: ¡Aleluya! ¡Cristo es victorioso! No diré que el que no puede decir aleluya no ha vencido, pero *sí* diré que no tiene la nota correcta de la victoria. El *tono* de la victoria es muy importante. Porque si el tono o sonido no es correcto, las personas dudarán de su victoria y usted probablemente dudará también. El acento de Pedro era galileo; hasta una joven criada podía distinguirlo. ¿Nos falta acaso el acento galileo? ¿O manifestará nuestra voz la victoria? Espero que tengamos cada día el acento galileo para que las personas reconozcan que hemos seguido a Jesús el galileo.

EL TRIUNFO DE JOSAFAT

En la época del Antiguo Testamento, Judá tenía un rey llamado Josafat. Escuchemos su nota de victoria mientras se desarrolla la historia en 2 Crónicas 20.

"Pasadas estas cosas, aconteció que los hijos de Moab y de Amón, y con ellos otros de los amonitas, vinieron contra Josafat a la guerra" (v. 1). En ese momento, la nación de Judá estaba muy debilitada. No podían hacer nada contra los invasores enemigos. Al mirarse a sí mismo, Josafat naturalmente sentía miedo. Estaba tan indefenso ahora como lo había estado antes. Y los mismos antiguos enemigos venían otra vez al ataque. ¿Qué podía hacer? No podía hacer nada.

Sin embargo, él temía a Dios. Por esto "humilló su rostro para consultar a Jehová, e hizo pregonar ayuno a todo Judá" (v. 3). No tenía otro recurso, sólo venir delante de Dios. Él oró diciendo: "¡Oh Dios nuestro! ¿no los juzgarás tú? Porque en nosotros no hay fuerza contra tan grande multitud que viene contra nosotros; no sabemos qué hacer, y a ti volvemos nuestros ojos" (v. 12). Confesó que no tenían fuerza propia, sino que sus ojos estaban en Dios. Hagamos una pausa aquí para hacer una observación. Hemos estado enfatizando a través de esta serie de mensajes que las condiciones para la entrega son: primero reconocer y decir, no puedo; y segundo, no podré; pero como consecuencia, debemos creer a Dios. Esto precisamente fue lo que hizo Josafat. Confesó que ellos no tenían la fuerza para pelear contra sus enemigos y que no sabía qué hacer. Sin embargo, oró: "Oh Dios, a ti volvemos nuestros ojos."

Dios inmediatamente les envió un profeta que dijo: "No temáis ni os amedrentéis delante de esta multitud tan grande, porque no es vuestra la guerra, sino de Dios" (v. 15b). La batalla es del Señor. Ni la victoria ni la derrota tienen nada que ver con usted. El mal genio, el orgullo, la duda, los pensamientos impuros, la avaricia y toda otra clase de pecados no tienen nada que ver con usted, porque la batalla no es suya, es de Dios. Jehová dijo: "No habrá para qué peleéis vosotros en este caso; paraos, estad quietos" (v. 17a). Dios quiere que usted se quede quieto. Él quiere que usted se entregue a Él completamente. Usted sólo tiene que pararse "y ver la salvación de Jehová con usted" (v. 17b). Reconozca claramente el hecho de que ni usted ni yo somos combatientes, sino sólo observadores. Cada vez que no triunfamos en la victoria que Dios ha obtenido, somos derrotados por el enemigo. No temamos, porque Dios pelea por nosotros.

Josafat dio un paso más. Él no sólo se mantuvo quieto y observó desde la orilla, él se inclinó con el rostro a tierra y adoró a Dios. Todo Judá y los habitantes de Jerusalén también se postraron delante de Dios y le adoraron. Mientras él y todo Judá eran atacados por una multitud tan grande, ¿qué hizo? Llamó a los levitas para que se pusieran de pie y alabaran al Señor. Les ordenó que fueran delante del ejército y alabaran a Jehová con ornamentos santos. ¿Estaba loco al hacerlo? Los levitas no temían ni a las piedras ni a las flechas. Cantaban alabanzas al Señor. Y esta es la nota de victoria. Esta nota viene después que usted sabe que *el Señor* le ha dado la victoria y que usted ha vencido al enemigo. Los hombres le aconsejarán que cuando vea venir la tentación debe luchar y resistir. Pero Dios dice con toda claridad que "cuando comenzaron a entonar cantos de alabanza, Jehová puso contra los hijos de Amón, de Moab y del monte de Seir, las emboscadas de ellos mismos que venían contra Judá, y se mataron los unos a los otros" (v. 22). Siempre que hay cantos y alabanzas al Señor, allí el enemigo es derrotado.

¿Cuál fue el resultado? "Y luego que vino Judá a la torre del desierto, miraron hacia la multitud, y he aquí yacían ellos en tierra muertos, pues ninguno había escapado" (v. 24). Cuando

Dios da la victoria, no deja que ninguno se escape. Nosotros probablemente dejaríamos cinco o seis sin tocar, pero el Señor no permitirá que ningún enemigo se escape. Es muy significativo que cuando ellos comenzaron a cantar y a alabar, el Señor puso las emboscadas para destruir a los hijos de Amón, de Moab y del Monte de Seir que venían para atacar a Judá. Dios sólo puede obrar cuando usted comienza a alabar. Cuando usted alaba, Dios obra.

Yo sé que usted tiene muchas pruebas y tentaciones. Pueden ser una debilidad física, una circunstancia adversa o una crisis en su trabajo. Usted dirá: "¿Qué puedo hacer? ¿Cómo puedo vencer?" Usted puede conocer la victoria, pero cuando hace estas preguntas me doy cuenta que su nota no es la correcta. Cuando ve que la tentación, la prueba o el problema se acercan, debe decir: ¡Aleluya! Cuando dice aleluya, el enemigo es derrotado. Porque nuestro Dios obrará sólo cuando usted comience a alabarlo. Él obra en el mismo instante en que usted comienza a cantar.

No es suficiente que usted confiese su incapacidad y crea en el poder de Dios. Usted debe cantar de lo más profundo de su corazón un ¡Aleluya! Usted debe decir: "Dios, te doy gracias porque soy tentado y no puedo hacer nada. Te doy gracias que tu victoria es mía." Observe a Josafat, quien cantó porque creyó que tenía la victoria. A los ojos de Josafat todos sus enemigos eran cuerpos muertos. Así que avanzó y continuó cantando. No tenía miedo de las piedras o las flechas porque consideraba a sus enemigos como muertos. Y cuando los hijos de Israel miraron desde la torre del desierto, vieron sin duda los cuerpos sin vida de sus enemigos.

LAS DOS ETAPAS DE LA ACCIÓN DE GRACIAS Y LA ALABANZA

"Y al cuarto día se juntaron en el valle de Beraca; porque allí bendijeron a Jehová . . . Y todo Judá y los de Jerusalén, y Josafat a la cabeza de ellos, volvieron para regresar a Jerusalén gozosos, porque Jehová les había dado gozo librándolos de sus enemigos. Y vinieron a Jerusalén con salterios, arpas y trompetas, a la casa de Jehová" (vv. 26a, 27-28). La acción de gracias y la alabanza consisten en dos etapas: la primera etapa es antes del logro de la acción, la segunda después de su realización. Nuestro gran error es no alabar *antes* del logro de la acción, retener la alabanza hasta poder ver qué sucederá. Muchos hermanos y hermanas han confesado que son unos incapaces y que han abandonado la idea de tratar de ser capaces. También han creído la realidad de Dios de que Cristo es su victoria. Pero no se atreven a decir: ¡Aleluya, he vencido! Como un hermano admitió: "Quiero ver si funciona." O como dijo una hermana: "Quiero ver si es eficaz." Lo que quisieron decir es que sólo comenzarían a alabar a Dios si mañana pudieran comprobar que funciona o que es eficaz. Sin embargo, Josafat alabó *dos veces*. Todos los vencedores tienen esta *doble* alabanza. Alabanza *antes* de que los ojos puedan ver, y alabanza *después* que los ojos han visto. Y este es el sonido de la victoria, esta es la nota de triunfo. Pero cuando no hay alabanza, la batalla está perdida.

Usted pregunta si hay victoria y yo pregunto si hay un aleluya. Porque aleluya es la nota de la victoria. La nota *correcta* expresa victoria *genuina*. Es algo que no se puede fingir. Todos los que triunfan dan una nota cierta. Están gozosos y siempre alaban. Al distinguir el acento de una persona, uno sabe su procedencia geográfica. De igual manera, escuchando la nota de un cristiano, usted sabe si ha vencido. La señal de la victoria espiritual es la capacidad de decir aleluya, la capacidad de decir gloria al Señor cuando viene la tentación. Si usted continuamente se mira a sí mismo no podrá alabar. Pero si usted ve a Cristo, inmediatamente usted puede llenar el aire con un ¡Aleluya, gloria al Señor! No importa si la tentación es muy fuerte, o si los hijos de Moab y Amón son muy numerosos, puesto que la batalla es del Señor y no nuestra. El Señor es absolutamente responsable de todo.

Por lo tanto, la nota de victoria es acción de gracias y alabanzas gozosas al Señor. Usted no tiene que esperar hasta que esté verdaderamente derrotado, contaminado y haya pecado gravemente antes de reconocer su derrota. No, siempre que usted pierde la nota de acción de gracias y de alabanza, usted pierde la victoria. Usted no tiene que pecar en exceso; si no puede triunfar en la victoria, o sea, que no puede estar gozoso y alabar y dar gracias a Dios, usted ha sido derrotado. Entendamos claramente que la vida victoriosa que Dios nos ha dado puede cantar aleluya con gozo todos los días. Cuando falta la nota de alabanza, la victoria está perdida.

MANTENIENDO LA VICTORIA EN EL GOZO

Hay un versículo muy conocido en la Biblia, que es Nehemías 8:10c: "el gozo de Jehová es vuestra fuerza." ¿Cómo se expresa la vida que Dios nos ha dado? A través del gozo. El mismo aire que nuestro Señor Jesucristo respiraba estaba lleno de gozo y alabanza. Todavía estoy aprendiendo esta lección. He sido perdonado, me he consagrado y he sido obediente; sin embargo, me siento algo desdichado y murmuro un poco. No puedo decir de corazón, gracias y gloria sean al Señor. Siempre que no podamos decir: Gloria al Señor, estamos ya derrotados. Debemos darnos cuenta de que nuestra victoria está en el gozo del Señor. Siempre que perdemos ese gozo, inmediatamente perdemos la victoria. Nos desanimamos cuando el gozo se va. De ahí que debemos guardar nuestra victoria en la fuerza del gozo. Un hermano dijo que él nunca había conocido la fuerza del gozo hasta ahora. La victoria debe mantenerse en el gozo del Señor así como el pez debe mantenerse en el agua.

REGOCIJO EN LA AFLICCIÓN

Sin embargo, ¿cómo *podemos* estar gozosos? Podemos muy fácil y naturalmente estar gozosos y alabar a Dios en las cosas que son agradables, así como cuando cruzamos el umbral de la victoria o del poder. Pero las Escrituras nos dicen que estemos gozosos en las circunstancias desagradables también.

"Que en grande prueba de tribulación, la abundancia de su gozo . . . abundaron . . ." (2 Co 8:2). Aquí se nos dice que los creyentes macedonios tenían gozo abundante en momentos de gran aflicción. Lo que tenían no era meramente una o dos gotas de gozo, sino gozo en abundancia. Regocijémonos siempre con gozo abundante, aun en gran aflicción. La vida de Cristo es la vida que triunfa; por consiguiente, podemos triunfar en la victoria que Él ha obtenido. Podemos alabar a Dios con gozo aun cuando un gran ejército nos esté atacando. La característica de la victoria es estar llenos de acción de gracias y alabanza en momentos de aflicción. Había un hermano que trabajaba para el ferrocarril. Un día fue atropellado por un tren y perdió una de sus piernas. Cuando despertó en el hospital, le preguntaron si todavía podía dar gracias y alabar al Señor. Él contestó que alababa y daba gracias a Dios ¡que sólo le habían cortado *una* pierna! ¡Qué actitud tan positiva! Esta es la nota de victoria, un sonido de gracias y alabanza en el medio de gran aflicción.

"Hermanos míos, tened por sumo gozo cuando os halléis en diversas pruebas" (Stg 1:2). "En lo cual vosotros os alegráis, aunque ahora por un poco de tiempo, si es necesario, tengáis que ser afligidos en diversas pruebas" (1 P 1:6). "A quien amáis sin haberle visto, en quien creyendo, aunque ahora no lo veáis, os alegráis con gozo inefable y glorioso" (1 P 1:8). "Amados, no os sorprendáis del fuego de prueba que os ha sobrevenido como si alguna cosa extraña os aconteciese, sino gozaos por cuanto sois participantes de los padecimientos de Cristo, para que también en la revelación de su gloria os gocéis con gran alegría" (1 P 4:12-13).

Estos versículos nos muestran cómo vivir en medio de la prueba. Santiago nos habla de diversas pruebas, esperadas o inesperadas, que vienen de enemigos o de amigos, de paganos o de hermanos, con buena razón o no. Toda clase de prueba vendrá, pero ninguna debe hacernos perder nuestro gozo. Recuerde que cuando la Biblia menciona gozo, a menudo usa tales descripciones como "alegráis" o "gran alegría" o "sumo gozo" o "gozo inefable". Porque lo que Dios da es siempre completo y sumamente grandioso. El gozo del cual se habla en 1 Pedro 1:6 es "alegraos grandemente", mientras que la "aflicción" mencionada es "por un poco de tiempo". ¿Es la aflicción permitida? Parece que la aflicción es inevitable. Si tenemos ojos, caerán las lágrimas. Aunque caigan las lágrimas, todavía hay gozo. De ahí que en 1 Pedro 1:8, leamos esta observación: "en quien creyendo . . . os alegráis con gozo inefable y glorioso." Este gozo es inefable. ¡Cuántas veces, aun antes que las lágrimas se hayan secado, la boca ha pronunciado ya un aleluya! O mientras las lágrimas todavía están cayendo, la boca ha dicho, ¡Gracias y gloria al Señor! Muchas personas derraman lágrimas por un lado, sin embargo, alaban y dan gracias a Dios por el otro. Recuerden las palabras del himno: "Si la senda que camino", escrito por la hermana Margaret E. Barber. "Que el espíritu te alabe, aunque el corazón esté quebrantado." Mientras viva en la tierra, su corazón estará muchas veces quebrantado, porque usted tiene sentimientos; sin embargo, su espíritu está lleno de gozo. De acuerdo con la palabra de 1 Pedro 4:12, uno se regocija no sólo *durante* los momentos de prueba, sino también cuando la prueba inicialmente "viene sobre uno". En otras palabras, usted *le da la bienvenida* a la prueba. Usted le da gracias y alaba al Señor porque viene la prueba.

Algunos hermanos y hermanas "fruncen el ceño" cuando ven que se aproxima la prueba. Pero Pedro dice que nos regocijemos y demos gracias al Señor porque viene. Cuando podemos dar gracias y alabar a Dios por la prueba es porque ya estamos por encima de ella. No hay nada que nos capacite más a elevarnos por encima de la tentación, circunstancias y problemas que el gozo y la acción de gracias y la alabanza. Esta es la nota de victoria que un vencedor tiene que emitir.

En Chefoo, una hermana que hacía poco tiempo que había cruzado el umbral de la victoria fue severamente probada. Su hija se murió mientras su esposo estaba lejos del hogar. Muchos hermanos y hermanas fueron a consolarla. Aunque sus ojos estaban inundados de lágrimas, su rostro mostraba una sonrisa. Ella testificaba que la pérdida de su hija era en realidad muy dolorosa y que sin embargo se sentía en extremo gozosa. Daba gracias y alababa a Dios. Esos hermanos y hermanas que habían ido a su casa a consolarla fueron en cambio consolados por ella. Esto es algo que nadie puede fingir. Esta es la nota que escuchamos cuando hay victoria. Aun en la prueba, hay alabanza y gracias ascendiendo a Dios.

Hoy día, nosotros los cristianos en la tierra tenemos que ser el ejemplo de Dios. ¿Son nuestros ejemplos hermosos? ¿Somos diferentes al mundo? Si nosotros lloramos como el mundo llora y reímos como el mundo ríe, ¿dónde está nuestra victoria? ¿Y dónde está la victoria de Dios? Tenemos que permitir que el mundo vea que tenemos gozo y fuerza. Aunque el mundo nos mire y piense que estamos locos, sin embargo no dejan de admirar al Cristo que nos hace aparecer como locos. Que Dios en su misericordia nos ayude para que podamos manifestar la victoria de Cristo en las aflicciones.

"Bienaventurados sois cuando por mi causa os vituperen y os persigan, y digan toda clase de mal contra vosotros, mintiendo. Gozaos y alegraos, porque vuestro galardón es grande en los cielos; porque así persiguieron a los profetas que fueron antes de vosotros" (Mt 5:11-12). Cuando los hombres le vituperen, usted puede decir que será paciente. Cuando los hombres lo insulten, usted puede decir que no contestará. Sin embargo, no piense que ser paciente y mantenerse callado es suficiente. La verdad es que usted ya está derrotado. Porque soportar y mantenerse callado es algo que el *mundo* puede hacer. Los budistas y los confucionistas pueden hacer *eso*. Usted tiene que ser diferente a ellos. Cuando los hombres lo vituperen, tiene que ser capaz de decir en la victoria de Cristo: "Señor, te doy gracias y te alabo", porque usted considera el vituperio de los hombres como algo gozoso. Cuando los hombres lo persiguen, tiene que decir en el triunfo de Cristo: "Señor, te doy gracias y te alabo", porque usted toma su persecución como algo acerca de lo cual gozarse. Si su victoria es genuina, usted se regocijará y se alegrará mucho. Aunque diga que es victoria, si sólo soporta lo que el mundo puede soportar no es victoria genuina, sino algo fingido. Lo que el Señor hace es siempre lo que trae gozo.

A la luz de todo lo que hemos dicho, entonces, el asunto aquí es si la nota que escuchamos es la correcta o no. El problema de hoy estriba en que consideramos que la paciencia sufrida en silencio es una virtud por excelencia. Pero cuando usted es vituperado por los hombres, ¿puede alegrarse? ¿O simplemente mira hacia abajo y se queda callado? Muchos están siendo perseguidos. Muchas hermanas son perseguidas por sus esposos. Muchas están siendo perversamente calumniadas. ¿Qué hacen ustedes, hermanas? ¿Le piden al Señor que las ayude para que no pierdan los estribos y exploten? ¿Consideran ustedes que no explotar es la victoria? Ustedes pueden pensar que han vencido, pero esta no es la victoria que fue dada por el Señor. Si fuera la victoria del Señor, ustedes podrían alabarlo y darle gracias en medio del vituperio y la persecución del hombre. Permítanme reiterarles que cuando no damos gracias y no alabamos a Dios, estamos ya derrotados. Porque la nota y el sonido de la victoria son acciones de gracias y alabanzas. Una vez un hermano en el Señor que estaba viajando en un tranvía, se encontró sentado al lado de su peor enemigo. Le pidió al Señor que lo ayudara. Por fuera su actitud era correcta y le hablaba directamente, hasta conversaba con él acerca de las noticias concernientes a un inminente evento deportivo. Pero por dentro le estaba diciendo al Señor que por favor hiciera que su enemigo se bajara pronto del tranvía para que él pudiera mantener su victoria. Suspiró al llegar a su destino y dijo que no había sido fácil obtener la victoria. Sin embargo, ¿fue esto una victoria genuina en el Señor? Permítame decirle francamente que esta no fue sino una victoria mentirosa, un victoria hecha por el hombre, un triunfo vacío. Si hubiera sido la victoria de Dios, no hubiera necesitado pedirle al Señor que lo preservara y le diera paciencia; más bien le hubiera dicho a Dios que le daba gracias y lo alababa por ponerlo en semejante situación. Aun si el viaje hubiera sido más largo, no le hubiera importado para nada.

"Regocijaos en el Señor siempre" (Fil 4:4a). Cada vez que la Palabra de Dios menciona al gozo, lo hace por medio de expresiones tales como "gran gozo" o "sumo gozo" o "regocijaos siempre". "Siempre" aquí significa con persistencia. ¿Lo han escuchado? Si no han escuchado, entonces "otra vez digo: Regocijaos" (v. 4:4b). Tal es la idea clave de lo que Pablo quiere decir: si no se les grabó la primera vez que lo dije, entonces se los diré otra vez: ¡que se regocijen! La vida que Dios da es una vida gozosa. El gozo es la expresión diaria del andar del cristiano. A pesar de tribulaciones y pruebas, todavía hay gozo. Lo opuesto es el afán. Muchos están preocupados por sus hijos, por dinero o por su trabajo. Pero la Palabra del Señor declara:

"Por *nada* estéis afanosos" (Fil 4:6). Pensamos que tenemos causas para estar afanosos, pero el Señor replica: "Por nada estéis afanosos", para que nos podamos regocijar siempre. Pecamos si no estamos gozosos aunque sea por un solo día. Una vez en una reunión un hermano habló sobre el tema "Por nada estéis afanosos". Una hermana que se encontraba allí presente se sintió muy descontenta con el mensaje. Ella argumentó: "¡cómo podía alguien *no* estar afanoso! Si los hermanos estuvieran más afanosos, observó, las hermanas podrían comer mejores alimentos (esto lo dijo porque los hermanos estaban a cargo de los alimentos ese día)." El Señor, sin embargo, no la dejó en paz hasta que logró que ella se diera cuenta que el afán era en realidad un pecado. Finalmente, ella obtuvo la victoria.

"Por lo cual, por amor a Cristo me gozo en las debilidades, en afrentas, en necesidades, en persecuciones, en angustias; porque cuando soy débil, entonces soy fuerte" (2 Co 12:10). Pablo tomó las debilidades, las afrentas, las necesidades, las persecuciones y las angustias como un placer y un gozo. Ninguno de ustedes saben lo que les va a acontecer. Saben muy bien que vuestro camino en la tierra no va a ser enteramente llano. Algunos de ustedes tal vez tengan familiares enfermos, otros tal vez enfrenten la muerte de seres amados, y otros pueden padecer persecución. ¿Qué harán? Si le dicen al Señor que serán pacientes, sus mismas palabras probarán ser su derrota. Pero si dicen: "Señor, te doy gracias y te alabo", prevalecerán. Porque entonces Cristo será manifestado en ustedes. Porque le dan la oportunidad al Señor de demostrar su poder, por consiguiente, pueden permitirse estar gozosos. Ésa debe ser vuestra vida diaria sobre la tierra. Que puedan regocijarse en el Señor siempre y ofrecerle gracias y alabar su nombre.

"Dad gracias en todo" (1 Ts 5:18a). "Y todo lo que hacéis, sea de palabra o de hecho, hacedlo todo en el nombre del Señor Jesús, dando gracias a Dios Padre por medio de él" (Col 3:17). Estos dos versículos incluyen a todo. Demos gracias y alabemos a Dios y digamos: Aleluya. El mundo puede estar sorprendido por nuestra actitud; sin embargo, damos gracias en todas las cosas. Y si esta es en realidad nuestra costumbre, ni la tentación ni la prueba pueden jamás ser nuestros rivales. Nada nos puede tocar. Tenemos fe para enfrentar la tentación y podemos dar gracias y alabar a Dios en la prueba porque somos obedientes a Él.

Algunos pueden mal interpretar mis palabras y pensar que yo me opongo a la paciencia. Para aclarar este punto quisiera decir que la paciencia es algo muy precioso. Nosotros *sí* necesitamos tener paciencia, ¡pero no la clase que se obtiene apretando los dientes! "Para toda paciencia y longanimidad con gozo" (Col 1:11). La paciencia con gozo, no la paciencia forzada que viene como resultado de renunciamientos o de tristeza. No, la nota de la vida diaria de un cristiano es "para toda paciencia y longanimidad *con gozo*". "Dad gracias *en todo*", esta es la vida que encontramos en la presencia del Señor.

"MÁS QUE VENCEDORES"

¿Por qué es que la vida no puede considerarse victoriosa a menos que haya gozo? ¿Por qué necesitamos estar gozosos para probar y demostrar esta vida triunfante? "En todas estas cosas somos más que vencedores" (Ro 8:37). La victoria que *Dios* nos concede es una sola. Es cuando podemos decir que "en *todas* estas cosas somos más que vencedores". Apenas conquistar no es la clase de victoria que el Señor concede. Lo que Él nos da es que siempre "somos más que vencedores". Cuando apenas conquistamos no tenemos victoria en absoluto. Pero si "somos más que vencedores", entonces hay un gozo que lo invade todo y prueba que esta es una victoria que procede de Dios.

Debemos darnos cuenta de que lo que tenemos es una copa que rebosa. Todo lo que el Señor da, siempre sobrepasa todos las limitaciones o fronteras naturales. Si no es así, no es lo que Él da. La victoria que el Señor concede es de tal magnitud que "a cualquiera que te hiera en la mejilla derecha, vuélvele también la otra; y al que quiera ponerte a pleito y quitarte la túnica, déjale también la capa; y a cualquiera que te obligue a llevar carga por una milla, vé con él dos" (Mt 5:39b-41). Una victoria con *sobras* es verdaderamente una victoria de Dios. Vencer *apenas* es el resultado de las obras de los hombres.

Esta es entonces la verdadera nota de la victoria. Que Dios abra nuestros ojos para percibir que a menos que nuestra victoria sea una en la que "somos más que vencedores", es sólo una imitación, es meramente una victoria fingida. Pero si Cristo vive en nosotros, podremos estar gozosos y agradecidos en *todas* las circunstancias. Podremos decir "¡Aleluya, gloria al Señor!" desde ahora y por toda la eternidad.

10

Consagración

Porque el amor de Cristo nos constriñe, pensando esto; que si uno murió por todos, luego todos murieron; y por todos murió, para que los que viven, ya no vivan para sí, sino para aquel que murió y resucitó por ellos.

2 Corintios 5:14-15

Ni tampoco presentéis vuestros miembros al pecado como instrumentos de iniquidad, sino presentaos vosotros mismos a Dios como vivos de entre los muertos, y vuestros miembros a Dios como instrumentos de justicia.

Romanos 6:13

¿No sabéis que si os sometéis a alguien como esclavos para obedecerle, sois esclavos de aquel a quien obedecéis, sea del pecado para muerte, o sea de la obediencia para justicia?

Romanos 6:16

Así que, hermanos, os ruego por las misericordias de Dios, que presentéis vuestros cuerpos en sacrificio vivo, santo, agradable a Dios, que es vuestro culto racional. No os conforméis a este siglo, sino transformaos por medio de la renovación de vuestro entendimiento, para que comprobéis cuál sea la buena voluntad de Dios, agradable y perfecta.

Romanos 12:1-2

Hablo como humano, por vuestra humana debilidad; que así como para iniquidad presentasteis vuestros miembros para servir a la inmundicia y a la iniquidad, así ahora para santificación presentad vuestros miembros para servir a la justicia.

Romanos 6:19

Mas ahora que habéis sido libertados del pecado y hechos siervos de Dios, tenéis por vuestro fruto la santificación, y como fin, la vida eterna.

Romanos 6:22

Antes de concluir esta serie de mensajes acerca de la vida triunfante, es imperativo que hablemos de un tema más, el de la consagración. Porque sin ella, nuestra vida de victoria no alcanzará la cumbre.

Consagrarse es en realidad lo primero que uno hace después de recibir la vida victoriosa. Es lo que uno debe hacer después que es salvo. Por un lado, hay muchos que han sido salvos pero que nunca se han consagrado. En consecuencia, la consagración es absolutamente necesaria cuando pasan el umbral de la victoria. Por otro lado, hay algunas personas que, aunque se han consagrado al Señor cuando fueron salvos, han vivido durante muchos años una vida de continuos altos y bajos. Lo que necesitan hacer ahora es consagrarse de nuevo. No me atrevo a decir que la consagración como el primer acto o la primera expresión después de la victoria sea lo que todos deberían hacer. Sólo puedo decir que puesto que el Señor murió y resucitó por *mí*, lo primero que yo personalmente haría después de obtener la victoria sería consagrarme.

Algunos argumentan que la consagración debe hacerse *antes* de la victoria. Conságrate, y después conquista. Pero Romanos 6:13 indica otra cosa: "Ni tampoco presentéis vuestros miembros al pecado como instrumentos de iniquidad, *sino presentaos vosotros mismos a Dios como vivos de entre los muertos,* y vuestros miembros a Dios como instrumentos de justicia", indicando con eso que la consagración viene *después* de la victoria. Una cosa es clara, sin embargo: sin muerte y resurrección, no es posible presentarse a Dios. Sólo una persona que ha muerto y resucitado puede ofrecerse como un sacrificio vivo. Hemos hablado antes acerca de nuestra crucifixión con Cristo y acerca de que el Señor vive en nosotros. Hemos muerto y ahora vivimos con el Señor. De acuerdo con Romanos 6:13, un cristiano se consagra a sí mismo después que ha recibido la vida que triunfa. Sin esa vida, nuestra consagración sería rechazada por Dios. Porque Él no quiere nada que pertenezca a Adán y a la muerte. Sin esta vida triunfante, la consagración de una persona es poco confiable. Un día estará consagrada, pero al día siguiente se olvidará; hoy hará un voto a Dios y le dirá que está dispuesta a hacer esto o lo otro por Él; mañana se olvidará del voto. Una misionera había asistido a la Convención de Keswick. Esta convención se llevó a cabo en Inglaterra siete veces. Ella confesaba que cada año que asistía a Keswick era como darle cuerda a un reloj. Cada vez que iba la tenían que volver a poner en hora. Numerosos cristianos son como esta hermana. Le prometen mucho a Dios en una convención o conferencia, sólo para olvidarlo todo poco después. Esto demuestra que no tenemos la fuerza para consagrarnos.

Sin esta vida que triunfa, su consagración no será aceptada por Dios. Porque lo que usted le ofrece pertenece a Adán y está muerto. Sólo lo que viene del Señor puede ser presentado a Dios. Lo que viene de uno mismo no sirve para ser ofrecido.

Sepamos, por lo tanto, que lo primero que tenemos que hacer después de obtener la vida victoriosa es consagrarnos a nosotros mismos a Dios. Ahora es el momento y la oportunidad de ofrecerle todo a Dios; de lo contrario, nos echaremos atrás después de unos pocos días.

LA BASE Y EL MOTIVO DE LA CONSAGRACIÓN

Tanto Romanos 6 como Romanos 12 hablan de la consagración. ¿Por qué presentamos nuestro cuerpo como sacrificio vivo? Pablo nos ruega por las misericordias de Dios. ¿Qué son las misericordias de Dios? Romanos 1-8 describe sus misericordias. De acuerdo con la interpretación aceptada del libro de Romanos sobre el tema de la consagración, Romanos 12 sigue el pensamiento de los primeros ocho capítulos (con Romanos 9-11 sirviendo como un extenso paréntesis en el cual Pablo dirige su atención a los judíos y su salvación). Las cosas descritas en los primeros ocho capítulos son las misericordias de Dios. En el pasado éramos pecadores, pero el Hijo de Dios vino a la tierra para expiar nuestros pecados a través del derramamiento de su sangre. Los capítulos 3 y 4 hablan de la sangre y la fe; el capítulo 5, del perdón y la justificación; los capítulos 6-8, de la cruz. Por un lado, la sangre es para la remisión de los pecados para que podamos recibir perdón; por otro lado, la cruz es para la muerte de nuestro viejo hombre para que podamos ser librados del poder del pecado. Gracias a Dios, Cristo murió en la cruz por nosotros y Él también vive por nosotros. Y sobre la base de estas misericordias de Dios, el Espíritu Santo a través de Pablo nos ruega que nos presentemos a Dios.

Debemos conocer el propósito que tuvo Dios al crearnos y redimirnos. Él quiere que manifestemos la vida de su Hijo y compartamos la gloria de su Hijo. Aun antes de la creación del mundo, Dios ha tenido un propósito. Él quiere tener muchos hijos así como tiene a su único Hijo unigénito. Y así lo afirma en Romanos 8:29: "porque a los que antes conoció, también los predestinó para que fuesen hechos conformes a la imagen de su Hijo, para que Él sea el primogénito *entre muchos hermanos*." ¿Por qué ha hecho Dios tales cosas? Porque Él nos había predestinado para ser conforme a la imagen de su Hijo. Este es el propósito eterno de Dios. Él nos compra y nos redime para poder poseernos.

Sin embargo, Dios utiliza dos medios para poseernos: uno está de su parte, el otro está de la nuestra. *De su parte,* Dios envió su Hijo para morir por nosotros, para volver a comprarnos. De acuerdo con el derecho de compra, somos sus esclavos. Gracias al Señor, Él nos ha comprado. Dios le dijo una vez a Abraham: "Debe ser circuncidado el nacido en tu casa, y el comprado por tu dinero" (Gn 17:13). Aleluya, no sólo somos nacidos de Dios, sino también comprados por Él.

Somos comprados por Dios, así que le pertenecemos a Él; sin embargo, Él nos deja en libertad. Aunque de acuerdo con el derecho de redención le pertenecemos a Dios, Él con todo no nos obliga a servirlo. Nos deja ir si deseamos servir a Mamón, el mundo, el vientre u otros ídolos. Por el momento Dios está inactivo: Él está esperando que nosotros nos movamos; hasta el día en que decimos *de nuestra parte*: "Dios, soy tu esclavo no sólo porque me has comprado, sino también porque te serviré gozoso." Un versículo de Romanos 6 revela un principio muy precioso concerniente a la consagración. Llegamos a ser los esclavos de Dios no sólo porque Él nos ha comprado, sino también por la razón "que si os sometéis a alguien como esclavos para obedecerle, sois esclavos de aquel a quien obedecéis" (v. 16a).

Aquí, entonces, están los dos medios por los cuales Dios nos posee. Por un lado, somos sus esclavos porque Él nos ha comprado; por otro lado, nosotros en forma voluntaria y con gozo y alegría nos presentamos a Él como sus esclavos. En cuanto a la ley, nos convertimos en esclavos de Dios el día en que Él nos compra y nos redime. En cuanto a la experiencia, nos convertimos en sus esclavos el día en que nos ofrecemos a Él. Desde la perspectiva del derecho de propiedad, somos esclavos de Dios desde el día en que fuimos redimidos. Desde la perspectiva de la práctica, somos verdaderamente sus esclavos a partir del día en que voluntaria y alegremente nos entregamos a Él.

En consecuencia, nadie jamás puede ignorar que es un esclavo de Dios, porque para ser su esclavo, el creyente siempre tendrá que presentarse a Él voluntariamente. Tal consagración es totalmente nuestra decisión e iniciativa personal. De ahí que el que ofrece sabe lo que está haciendo. Dios no le obliga a nadie a que le sirva. Y por eso Pablo, conociendo el corazón de Dios, no nos obliga, sólo nos "ruega" (véase Ro 12:1a). Dios se deleita en ver a su pueblo ofrecerse a Él voluntariamente.

La vida victoriosa y la salvación están íntimamente relacionadas. En el momento en que fuimos salvos, naturalmente deseábamos ofrecernos, porque esta nueva vida en nosotros nos constreñía a hacerlo. Cada persona salva sabe que debe vivir para el Señor. Aun así, no tenemos la fuerza. Estamos rodeados de muchas cosas contrarias y no somos capaces de vivir para el Señor. Gracias a Dios, sin embargo, Él nos da a Cristo, capacitándonos así para que nos consagremos a Él. No podíamos ser un sacrificio vivo cuando estábamos muertos en pecado. Éramos todavía incapaces aun después de haber sido salvos si continuábamos viviendo en pecado. Pero ahora que hemos cruzado el umbral de la victoria, Cristo es nuestra vida y nuestra santidad; en consecuencia, podemos ofrecernos a Dios en forma voluntaria y llenos de gozo.

El señor D. M. Panton contaba la historia de una niña esclava africana que iba a ser subastada. Dos hombres hicieron ofertas para comprarla. Los dos hombres eran malvados. La niña esclava sabía que su vida sería desgraciada en las manos de cualquiera de los dos. Así que lloraba mucho. De repente, un tercer hombre se añadió a las ofertas. El precio continuó subiendo hasta que los dos primeros hombres no pudieron afrontar más la oferta. Así que la niña fue comprada por el tercer hombre. Él inmediatamente llamó a un herrero para que rompiera las cadenas de la niña. Entonces le anunció su libertad diciendo: "Te compré no para que seas mi esclava; te compré para darte la libertad." Habiendo dicho esto, se fue. La niña quedó perpleja por unos minutos. Entonces "volvió en sí" y corrió tras el hombre, declarando que desde ese momento hasta el día de su muerte sería su esclava.

Ahora, el amor de este hombre hacia la niña esclava se parece mucho al amor de Cristo hacia nosotros. Y al ser obligados por su amor nosotros también le diremos al Señor que de aquí en adelante somos sus esclavos voluntarios. Dios nos ha comprado y nos ha llevado a través de la muerte y la resurrección. Hemos recibido sus muchas misericordias y por lo tanto, debemos presentarnos a Dios como sacrificio vivo.

Romanos 6 habla de presentarnos nosotros *mismos*, en especial nuestros *miembros*, a Dios; mientras que Romanos 12 habla de presentar nuestro *cuerpo* como sacrificio vivo. Hay mucho incluido en esta última consagración. En nuestras exposiciones anteriores hablamos acerca de entregarnos a Dios y creer para así poder vivir la vida de Dios y cumplir su demanda. La demanda de Dios no es otra que nos consagremos enteramente a Él. Esa demanda lo incluye todo. Es algo que no podemos hacer por nosotros mismos; sólo a través de Cristo morando en nosotros podemos responder a esta demanda. Hablando naturalmente, no podemos; pero ahora, a través de Cristo, podemos. Porque hemos recibido misericordias, ahora podemos.

Era la costumbre en el Antiguo Testamento que un esclavo hebreo sirviera a su amo durante seis años. En el séptimo año podía ser libertado. Si él decía que amaba a su amo y no quería ser libre, su amo lo traía al juez y después a la puerta para que le horadaran la oreja con una lesna. De ese modo serviría a su amo para siempre (véase Éx 21:2-6). Dios nos ha salvado y nos ha comprado con su sangre. No nos ha redimido con cosas corruptibles como oro y plata, sino con la sangre preciosa de su propio Hijo. Al principio, muchos cristianos se sienten obligados a servir a Dios por causa de su consciencia, hasta el día en que verdaderamente conocen la hermosura de Cristo y no pueden evitar presentarse al Señor voluntaria y gozosamente. Y cuando se ofrecen así, el Señor los traerá a la puerta y horadará su oreja con una lesna. El dintel de la puerta era donde se acostumbraba a aplicar la sangre en el tiempo de la Pascua. Hoy también han derramado su sangre, porque han sido traídos a la cruz. Aman al Señor y por tanto quieren ser sus esclavos para siempre. Porque Él los ama le servirán para siempre. Ahora, si usted es como esos cristianos, usted no puede dejar de decir: "Señor, tú me amaste, me salvaste y me liberaste. Te amo, debo servirte para siempre."

LO QUE DEBEMOS PRESENTAR

1. Personas. Lo primero que debemos presentar es a nuestros seres queridos. Si usted no ama al Señor más que a sus padres, su esposa, sus hijos y sus amigos, usted no puede ser discípulo de Cristo, Pero si usted le ofrece todo al Señor, nadie más ocupará y controlará su corazón por el resto de su vida. La razón por la que Dios lo salva es para poseerlo. Muchas lágrimas, muchos afectos humanos y muchos corazones entristecidos tratarán de hacerlo retroceder. Sin embargo, usted debe decir: "Señor, todas mi relaciones con personas las he puesto en el altar. Me desligo de todas ellas."

La esposa de Paul Rader estaba enferma. Muchas personas le preguntaban a este ministro de Dios por qué no oraba por su esposa. Él contestaba que el Señor todavía no le había pedido que orara por ella. Un hermano le preguntó si él no se sentiría terriblemente triste si su esposa partía de este mundo. Él contestó que ella ya había partido (ya que el hermano Rader anteriormente había ofrecido a su esposa en el altar de la consagración).

Dios deseaba que un siervo del Señor renunciara a su mejor amigo. Y su respuesta a Dios fue la siguiente: "Estoy dispuesto si tú así lo deseas."

Dios nos da la vida triunfante para que podamos obedecer su voluntad así como también conocer su voluntad. Nunca piense que la vida victoriosa es sólo negativa: no pecar. También, hablando en forma positiva, nos capacita para comunicarnos con Dios y obedecer su voluntad. Dios nos da esta vida no para que se cumpla nuestro propósito, sino para que nosotros cumplamos el propósito de Él. Por lo tanto, ningún cristiano debe estar aferrado a otra persona. Sin presentar en el altar a todas las personas y amistades en nuestra vida, no podemos satisfacer el corazón de Dios. Las personas deben irse. Tenemos que poder decir de todo corazón: "¿A quién tengo yo en los cielos sino a ti? Y fuera de ti nada deseo en la tierra" (Salmo 73:25). También necesitamos poder decir: "Amaré al Señor mi Dios con todo mi corazón, y con toda mi alma, y con toda mi mente" (véase Mt 22:37).

Siempre he apreciado mucho a nuestra hermana Margaret E. Barber. Ella amaba verdaderamente al Señor con todo su corazón, alma y mente. Después de su muerte, las palabras siguientes se encontraron escritas en su Biblia después de Mateo 22:37 ("Amarás al Señor tu Dios con todo tu corazón y con toda tu alma, y con toda tu mente"): "Señor, te doy gracias porque nos has dado este mandamiento." Cuán a menudo nos sentimos afligidos y preocupados por tener que observar los muchos mandamientos de Dios. En cambio debiéramos decir lo que la hermana Barber escribió: "Señor, te doy gracias, porque nos has dado este mandamiento."

En este asunto de la consagración, Dios no le permitirá que usted se aferre ni aun a lo que Él mismo le ha *dado*. Él no le permitirá aferrarse a su padre o su madre, su esposa, sus hijos y sus amigos. Hasta el Isaac nacido de la *promesa* tiene que ser puesto en el altar. El fracaso de muchos cristianos hoy se debe a que se enredan con las personas.

2. Asuntos de importancia. No sólo debemos ofrecerle a Dios las personas que amamos, sino también muchos de nuestros asuntos. ¿Cuántos son los asuntos que usted decide llevar a cabo sin buscar la voluntad de Dios? Un hermano decidió que debía graduarse el primero en su clase y también ser el primero en el examen de ingreso a la universidad. Como resultado, empleó todo su tiempo y energía en la educación. Después que conoció la victoria, sin embargo, puso este asunto en las manos de Dios y se resignó libremente a lo que fuera su voluntad.

Aunque puede ser bueno emplear una gran parte del tiempo en su negocio, no será ventajoso para usted si, como consecuencia, su comunión íntima con Dios sufre. Si usted tiene cierta expectación en su negocio a la cual no renunciará, entonces sentirá simplemente que debe alcanzar su meta. En ese caso tiene que consagrar su negocio. Usted no debe ser dominado por el poder de ninguna cosa.

Muchos hermanos esperan sobrepasar a otras personas a través de la educación. Este es su deseo lleno de orgullo. Yo no digo que deben dejar la escuela; sólo digo que deben estar dispuestos a dejarlo todo si el Señor los llama. Una historia verdadera puede quizás ayudar a ilustrar lo que acabo de decir.

Un hermano cristiano era huérfano y la situación de su familia era muy precaria. Escribía bien y también tenía un excelente talento musical. En el orfanatorio, otros aprendían carpintería y albañilería, pero él pudo ir a la escuela secundaria porque obtuvo varias becas. Al terminar dos años de educación universitaria, la administración de la escuela tenía la intención de enviarlo a la Universidad de St. John (en Shangai) por otros dos años más, antes de enviarlo a Norteamérica para estudios superiores. La condición era que debía servir en su propia universidad cuando regresara del extranjero. Su madre y su tío escribieron para felicitarlo.

Ahora, hasta este momento él todavía no era cristiano. Pero hace dos meses este joven fue salvo y al mismo tiempo consagró su vida a Dios. Un día, durante este período desde su conversión, le pregunté cuál sería su decisión final con respecto a su educación futura. Respondió que había decidido aceptar la oferta de la escuela. En realidad, estaba a punto de firmar el acuerdo. Aun me dijo que yo debía conocer y apreciar su ambición después de haber sido su compañero de escuela durante ocho años.

Cuando nos despedimos, le dije: "Hoy somos hermanos; pero cuando regreses de los Estados Unidos, me pregunto si todavía serás mi hermano." Al escuchar esto, él fue al Señor y oró: "Dios, tú conoces mi ambición; sin embargo, tú me has llamado. Por mí mismo no puedo dejar mi ambición. Señor, si es tu voluntad, estoy dispuesto aun a ir a las regiones rurales y predicar el evangelio."

Después que terminó de orar fue al director de la escuela y le dijo que no firmaría el acuerdo, puesto que no iba a ir a la universidad. El director pensó que se había vuelto loco. Pero él le dijo que el Señor lo había llamado a predicar el evangelio.

Cuatro días después su tío, sus primos y su madre todos vinieron a verlo. Su madre lloraba diciendo: "Todos esos años desde que tu padre murió he trabajado duro con la esperanza de que un día podrías ir muy lejos. Hoy tienes la oportunidad de avanzar, pero la rechazas." Su madre lloraba y lloraba. Su tío también dijo: "Antes que entraras al orfanatorio, yo te cuidé. Aun cuidé a tu madre. Ahora tú debes tomar la responsabilidad de estas dos familias. Tus primos aquí no tienen el dinero para ir a la escuela; pero tú has recibido una oportunidad tan espléndida y sin embargo, estás intentando tirarla por la borda." Hasta vinieron a mí para decirme: "Señor Nee, sus padres no necesitan que usted los ayude, pero nosotros necesitamos que él nos sostenga."

Nuestro hermano estaba verdaderamente en una encrucijada muy crítica. Así que le preguntó al Señor qué debía hacer. Finalmente vio que le debía al Señor infinitamente más de lo que le debía a los hombres. Y como resultado obedeció a Dios. Más tarde, cumplió su responsabilidad con su madre y con su tío supliendo sus necesidades, aunque nunca pudo llegar a lo que previamente esperaban de él.

Todos nosotros debemos presentar nuestro servicio a Dios. No digo que todos tienen que salir a predicar, pero lo que digo es que todos debemos ofrecer todo a Dios. El error de hoy yace en mal interpretar la consagración como predicación, aunque nos consagramos para hacer la voluntad de Dios. Muchos cuando se consagran verdaderamente descubren que el Señor, lejos de querer que sean ministros del evangelio, quiere que trabajen duro en los negocios para que puedan apoyar la obra de Dios que otros están haciendo.

3. Objetos. No sólo personas y negocios, sino también necesitamos consagrar muchas *cosas* al Señor. Para algunos pueden ser ornamentos; para otros, pueden ser propiedades; aun para otros, vestuario. Lo que necesita consagrarse tal vez no sea mucho, pero usted no debe permitir que algo pequeño permanezca como un obstáculo en su vida. En la consagración, quizás los adornos de oro y los vestidos de moda o el dinero mismo le debe ser quitado. Sin embargo, esto no debe tomarse como una ley.

Muchos desperdician su dinero; y esto es inaceptable ante Dios. Muchos acumulan su riqueza; y esto es igualmente desagrable ante Dios. El desperdicio no tiene lugar ante el Señor; pero tampoco la acumulación para sí mismo tiene lugar ante Él. No tenemos que usar todo el dinero de una vez; pero debemos transferirlo todo a la cuenta de Dios. No hay tal enseñanza acerca del diezmo en el Nuevo Testamento, puesto que todo debe ser puesto en las manos de Dios. El día que usted trae algo de dinero a su casa, debe orar: "Señor, todo este dinero es tuyo. De él *tú me* diste para los gastos de mi casa y no es que yo te daré las sobras después que lo he usado." No me atrevo a decir que Dios necesariamente lo tomará todo de usted. Sin embargo, después que usted realmente se lo ofrece, todo es de Él de igual manera.

Me avergüenza decirlo, pero hay muchos hermanos y hermanas que no parecen pertenecer al pueblo de Dios a causa de algunos adornos en su hogar, alguna ropa que usan, o alguna propiedad que mantienen. Si Dios lo toca y trata con usted acerca de estas cosas, debe ofrecérselas a Él. Muchos santos ancianos deben ser cuidadosos al escribir su testamento. Lo que escriben ahí con frecuencia revelará la clase de cristianos que son *en realidad.* Dios lo ha sacado a usted y a su propiedad fuera del mundo; usted no debe permitir que vuelva al mundo. Cuando los hijos de Israel salieron de Egipto ni un casco quedó atrás. Nosotros por lo tanto no debemos dejar ni un casco en el mundo. Nosotros no somos capaces de hacer tal cosa; somos débiles; pero gracias a Dios, todas las cosas son posibles por medio de Él. ¿Pues no dice su palabra que "Todo lo puedo en Cristo que me fortalece" (Fil 4:13)? Esto significa que cuando soy capacitado por el *Señor*, yo *puedo* hacer todas las cosas, hasta desprenderme de bendiciones materiales valiosas. Aunque por nosotros mismos somos incapaces de ofrecerlo todo, sin embargo, a través de Aquel que nos capacita podemos hacerlo. Porque *Cristo* es ahora nuestra vida; por tanto, lo podemos todo.

Muchos jóvenes y señoritas dan ofrendas al Señor cuando tienen sólo un poco de dinero. Pero cuando su dinero aumenta, dan menos que antes. Si el Señor tiene nuestro corazón, también debe tener nuestra chequera. El corazón es importante; pero también lo es el dinero. A menos que la chequera esté abierta, el corazón nunca se abrirá.

4. El yo. No sólo personas, negocios y cosas necesitan consagrarse; la última cosa que debe consagrarse es su propio yo. Usted debe ofrecerse a Dios para hacer su voluntad. Yo no sé lo que le depara el futuro, pero una cosa sé: que Dios tiene un propósito definido para cada uno de nosotros. Tal vez no sea en el camino de la prosperidad, ni necesariamente sea en el camino del sufrimiento. Sin embargo, independientemente de si es bendición o sufrimiento, usted debe estar dispuesto a ofrecerse a la voluntad de Dios. Muchos que están dispuestos a ser usados por el Señor son llenos del Espíritu Santo y viven una vida victoriosa porque se han consagrado a Dios.

¿Qué debemos presentar? Debemos presentar nuestro cuerpo como sacrificio vivo. Las Escrituras no nos dicen ni una sola vez que debemos presentar nuestro corazón; nos dice que presentemos nuestro cuerpo. Porque nadie que se ha presentado a sí mismo a Dios deja su cuerpo sin presentar. Presentamos nuestro ser entero al Señor. De ahora en adelante, nuestra boca, oídos, ojos, manos, pies, sí, nuestro cuerpo entero, no es más nuestro. No somos más que los administradores de Dios. De ahora en adelante, las dos manos, los dos pies, los dos oídos y todo lo demás, todo pertenece al Señor, y nosotros no tenemos más derecho sobre ellos.

Es interesante que cuando un joven hermano en el Señor murió, su anciano padre dijo a los que portaban el féretro que fueran cuidadosos en su manejo del cadáver porque, a través de la consagración, este cuerpo había sido el templo del Espíritu Santo durante más de veinte años. Seamos como ese joven y no esperemos que la muerte llegue antes de presentar nuestro cuerpo a Dios. Hoy el Espíritu Santo mora en nosotros, el Señor ya habita en nosotros. Y por eso la Palabra de Dios dice esto en 1 Corintios 6:19: "¿O ignoráis que vuestro cuerpo es templo del Espíritu Santo, el cual está en vosotros, el cual tenéis de Dios, y que no sois vuestros?" Hay un himno que tiene estas palabras desafiantes:

> *Toma mis manos, y que se muevan*
> *al impulso de tu amor;*
> *toma mis pies y que sean*
> *rápidos y hermosos para ti.*
> *Toma mi amor, Señor.*
> *Pongo a tus pies todo su tesoro.*
> *Tómame a mí, y seré*
> *sólo tuya, para siempre.*

Frances R. Havergal

Las palabras de este himno son la descripción adecuada de una consagración total. Es presentar nuestro cuerpo como sacrificio vivo. Nadie puede decir que el cuerpo es suyo. No, en nuestra vida diaria nuestro cuerpo entero es del Señor; nosotros sólo somos administradores de él.

Cierta vez, en el día del Señor, cuando el plato de la ofrenda llegó ante una niña de trece años, ella pidió que por favor bajaran el plato al piso. Cuando el plato llegó al suelo, ella se paró sobre él. No tenía dinero, ¡así que se dio a sí misma!

Hoy también nosotros debemos poner todo nuestro ser en la ofrenda, tanto como los seres queridos, nuestros asuntos y los objetos de nuestro interés. Cuando damos dinero en el día del Señor, también nos damos a nosotros mismos. Si nosotros nos quedamos fuera, Dios no aceptará nuestro dinero. A menos que Él nos obtenga a nosotros, no le interesa obtener lo que es nuestro. Sin embargo, una vez que Él tiene nuestro *ser*, Él automáticamente tendrá lo que es *nuestro* también. Tal vez el

Señor quiera que usted sea un buen hombre de negocios. Nosotros no escogemos el trabajo específico de nuestra vida; simplemente, le decimos a Dios que de ahora en adelante haremos su voluntad.

LOS RESULTADOS DE LA CONSAGRACIÓN

¿Cuáles son los resultados de la consagración? Uno lo encontramos en Romanos 6 y otro en Romanos 12. Muchos no se dan cuenta, pero hay una gran diferencia entre esos dos resultados. En Romanos 6, la consagración nos beneficia porque hace que llevemos fruto para santificación. En Romanos 12, la consagración beneficia a Dios en que su voluntad será hecha. Él resultado de la consagración en Romanos 6 es: "Mas ahora que habéis sido libertados del pecado y hechos siervos de Dios, tenéis por vuestro fruto la santificación" (v. 22). Día tras día, usted puede vivir una vida victoriosa. El resultado de la consagración en Romanos 12, sin embargo, es "para que comprobéis cuál sea la buena voluntad de Dios, agradable y perfecta" (v. 22c).

Usted no debe suponer que el entregarse, creer y alabar es suficiente. Hay un acto final, que es el ponerse en las manos de Dios para que Él pueda manifestar su santidad a través de su cuerpo. En el pasado, usted no tenía fuerza para consagrarse; ahora, habiendo cruzado el umbral de la victoria, puede ofrecerse a sí mismo. Por favor, recuerde que antes no tenía manera de colocarse en las manos de Dios; ahora, sin embargo, no es más una cuestión de poder, sino una cuestión de querer. En otro momento el problema era que no *podía* hacerlo; en el presente, es que no lo *hará*.

Un hermano en Australia se había entregado a Dios por completo. Un día en un tren, unos amigos necesitaban un jugador más para poder jugar a las cartas. Le pidieron que se les uniera. Su respuesta a esos amigos fue que lo lamentaba, pero que no tenía manos; porque estas manos que tenía no le pertenecían más a él, sino a otra Persona. Esas manos eran un apéndice de su cuerpo; él no tenía derecho ni se atrevía a usarlas.

Usted debe tener la misma actitud que este hermano. No se atreva a usar sus manos, sus pies o su boca porque ahora son del Señor. Cada vez que confronte una tentación debe decir que usted no tiene manos. Esto es consagración de acuerdo con Romanos 6. Tal consagración lo santifica y lo capacita para llevar fruto de santificación. Por esa razón, la consagración debe ser el primer acto tanto como el primer fruto después de la victoria.

La consagración en Romanos 12, por otro lado, es por causa de Dios: presentar su cuerpo como un sacrificio vivo. Tal consagración es santa y aceptable a Él. Mantenga en mente aquí que esta consagración es con el propósito de servir a Dios.

El capítulo 6 tiene en perspectiva la santificación personal, mientras que el capítulo 12 tiene en perspectiva la cuestión de la obra del Señor. Tanto el capítulo 6 como el capítulo 12 hablan de la cuestión de la santificación o santidad. ¿Qué es santificación? Quiere decir ser apartado para ser usado exclusivamente por una persona en particular. Antes, las personas, los asuntos y los objetos podían tocarme porque yo vivía para mí mismo; ahora, sin embargo, soy enteramente de Dios.

En una ocasión el chofer de un ómnibus no me dejó subir cuando intenté abordarlo en Jessfield Park. Al mirar con cuidado, noté que era un ómnibus de alquiler y no un ómnibus público. Hablando figurativamente, cada cristiano está alquilado, pero desafortunadamente muchos parecen ser ómnibus públicos. No somos para el uso público; somos en cambio alquilados, apartados enteramente para la voluntad de Dios. Romanos 12 nos muestra que independientemente de nuestra profesión, o esposo o esposa, nuestros hijos, dinero o tesoro, todos debemos ser, completa y lealmente, para Dios. Debemos presentarnos a Él con sinceridad de propósito y creer en el momento que Él nos ha aceptado porque esto está de acuerdo con su voluntad y propósito. Dios no busca nuestro fervor transitorio. Él no estará satisfecho hasta que ofrezcamos nuestro propio ser enteramente a Él. No estará complacido hasta que no lo hayamos ungido con nardo puro (véase Mr 14:3). A menos que compartamos con Él toda nuestra vida (véase Mr 12:44), Él no es glorificado. Todo debe ser ofrecido a Dios.

Hemos sido levantados de entre los muertos y hemos recibido las misericordias de Dios. Por lo tanto nuestra consagración es aceptable a Él y al mismo tiempo es nuestro culto racional. Todos los cristianos, no sólo los creyentes especiales, deben consagrarse a sí mismos. La sangre del Señor nos ha comprado; le pertenecemos a Él. Su amor nos obliga y en consecuencia, queremos vivir para Él.

¿Qué clase de sacrificio es el que le ofrecemos a Dios? De acuerdo con su Palabra, debemos ser piedras vivas, y en consecuencia, seguir viviendo; por tanto, somos sacrificio vivo. El sacrificio en el período del Antiguo Testamento era *muerto*, pero nosotros hoy somos sacrificio *vivo*.

Al presentar así nuestro cuerpo, el resultado final es el siguiente: "No os conforméis a este siglo, sino transformaos por medio de la renovación de vuestro entendimiento, para que comprobéis cuál sea la buena voluntad de Dios, agradable y perfecta" (Ro 12:2). Esta es la gran meta que tenemos que alcanzar. En el pasado hemos hablado mucho acerca de que Dios tiene un propósito eterno que debe ser cumplido en su Hijo. Su creación, su redención, su derrota del diablo y su salvación de pecadores son todos con ese propósito. Sabiendo cuál es el propósito eterno de Dios, podemos cumplir lo que Él quiere que cumplamos. No estamos aquí sólo con el fin de salvar almas. Estamos aquí también para el cumplimiento de su propósito.

Sin la consagración, no es posible que podamos ver que la voluntad de Dios es buena. Muchos hoy día se asustan con sólo la mención de la voluntad de Dios. Se sienten muy incómodos y amenazados. Sin embargo, Pablo testifica que una vez que hemos presentado nuestro cuerpo como sacrificio vivo podemos comprobar cuál es la buena y aceptable y perfecta voluntad de Dios. Podemos cantar acerca de las bondades de su voluntad. Podemos decir aleluya, su voluntad es por cierto buena. Es buena y *no* mala. Es provechosa, porque Dios no tiene malos pensamientos.

Qué cortos de vista somos a menudo. Dejamos de ver la excelencia de la voluntad de Dios. Un hermano oraba bien un día, diciendo: "Señor, pedimos pan; y pensamos que nos darás una piedra. Pedimos pescado; y pensamos que nos darás una serpiente. Pedimos un huevo; y pensamos que nos darás un escorpión. Pero, Señor, cuando oramos por una piedra, lo que tú nos das es siempre pan" (véase Lucas 11:11-12). A menudo no entendemos el amor de Dios y su voluntad. No sabemos que sus pensamientos hacia nosotros son apacibles y buenos, sumamente buenos, y no malos (véase Jer 29:10-11). Con cuánta frecuencia murmuramos en el momento; pero probablemente dos años después lo alabaremos. ¿Por qué no alabarlo *ahora*?

La voluntad de Dios no sólo es buena, sino también perfecta. Lo que Él ha preparado para aquellos que le aman no es nada menos que lo que es más provechoso. En posesión de tal conocimiento, usted estará complacido con su voluntad. Presentará su cuerpo que es santo y aceptable a Dios. Aceptará su voluntad porque tiene confianza que su voluntad es buena y perfecta.

Deseo que pueda realizar este último acto diciendo a Dios desde su corazón: "Dios, soy enteramente tuyo. De aquí en adelante, no viviré más para mí mismo."

Al realizar este último acto, usted ahora habrá cumplido todas las condiciones para la victoria. La consagración es la primera tanto como la última faceta de la vida victoriosa. Crea que Dios ha aceptado su consagración. Una vez hecho, está hecho. Así se sienta frío o caliente, si se ha consagrado con todo su corazón, todo irá bien. Digo esto para convencerlo por última vez de que deje de mirar al sentimiento. De aquí en adelante, usted pertenece al Señor y puede ser usado sólo por Él.

Nos agradaría recibir noticias suyas.
Por favor, envíe sus comentarios sobre este libro
a la dirección que aparece a continuación.
Muchas gracias.

ZONDERVAN

Editorial Vida
8325 NW. 53rd St., Suite #100
Miami, Florida 33166-4665

Vidapub.sales@zondervan.com
http://www.editorialvida.com